미술심리재활

매체연구 및 실습

미술심리재활
매체연구 및 실습

정재원 · 송소현 · 김하용 공저

학지사

머리말

'미술치료 매체연구 및 실습' 강의를 하면서 미술치료사들에게 미술치료를 효율적으로 가르칠 수 있는 교재가 없음에 아쉬움이 많았습니다. 미술치료를 이해하기 위해서는 미술치료 이론도 중요하지만 미술매체를 통해 완성된 창의성 있는 미술작품은 미술치료사에게도 창조적 에너지와 성취감을 제공합니다.

이 책은 발달재활서비스 미술심리재활 영역의 매체연구 및 실습 교육과정을 가르치고 전달하는 데 초점을 두고 집필한 책입니다. 미술활동을 통해 아동의 인지적·정서적 언어력, 창의성, 문제해결능력, 사회성 등의 발달에 도움을 줄 수 있고, 이러한 역할을 수행하는 과정에서 미술치료사의 매체연구 및 실습을 통한 학습도 중요하다고 생각하였습니다. 그래서 미술심리재활 임상경험을 전달하기 위한 과정으로 임상 현장 중심의 임상사례와 미술작품을 이 책을 통해 제공하려고 노력하였으며, 매체연구 및 실습에 대한 자세한 설명과 함께 미술심리재활 실무능력을 키우기 위한 매체와 기법을 소개하고 이를 실습해 볼 수 있도록 구성하였습니다.

내담자의 손을 거처서 나온 모든 작품은 그 내담자의 마음의 표현이라고 생각합니다. 활동 과정에서 내담자는 무엇을 표현하였고, 어떤 모습을 보여 주었으며, 어떤 느낌을 받았는지에 따라 그동안 알지 못했던 자신의 모습을 발견하는 계기가 될 수 있습니다. 이것은 힘든 상황 속에서 자신을 이해하고 이겨 낼 수 있는 또 다른 하나의 자아를 만나게 되는 것입니다. 작품을 완성하는 내담자뿐만 아니라 그 과정에 함께 있었던 치료사 역시 내담자의 경험과 감정을 함께 나누는 동반자 역할을 하게 됩니다. 그러므로 미술치료사는 내담자가 자신을 온전히 표현할 수 있도록 도와주는 역할을 해야 합니다.

치료실 안에서 내담자의 마음을 어떤 그릇에 담느냐에 따라서 작품은 다르게 표현되고 느껴지게 됩니다. 심리적 통제가 가능한 연필이나 사인펜 같은 매체는 현재의 상황을 인지적으로 표현하고 이해할 수 있도록 도와주며, 심리적 촉진이 되는 물감과 무른 점토와 같은 매체는 억압되어 있던 감정들을 표현할 수 있도록 도와줄 수 있습니다. 때로는 부드러운 매체가 힘들었던 내담자의 마음을 안전하고 포근하게 감싸 주기도 하고, 자신감 없이 주저하고 있던 그들에게 창의적인 매체와 완성도 있는 작품을 통해 당면한 문제에 직면할 수 있는 단단한 힘을 만들어 주기도 합니다. 이처럼 매체와 기법이 가지고 있는 힘은 치료실 안에서 크게 작용하게 됩니다. 이와 같은 이유로 미술치료사는 내담자를 위해 많은 준비를 합니다.

미술치료사가 하는 노력은 내담자가 치료실 안에서 스스로 자신을 바라보게 하고, 또 그 안에서 행복감을 느끼게 해 주기 위해서입니다. 이렇듯 치료사들은 미술치료 현장에서 내담자들과 작품 활동을 하면서 내담자의 흥미를 끌어내기 위해 다양한 매체와 기법이 필요하게 됩니다. 특히 어떤 것이 내담자를 편안하게 해 주고, 작품 속으로 빠져들게 할지에 대한 고민은 끝이 없습니다. 그리하여 저자들은 오랫동안 고민하고 논의한 끝에 이 책을 출간하게 되었습니다.

이 책의 1장에서는 드로잉 매체의 특성, 드로잉 매체를 활용한 기법 연구 및 실습 등에 관한 소개를 하였습니다. 2장에서는 페인팅 매체의 특성, 페인팅 매체를 활용한 기법 연구 및 실습을 소개하였습니다. 3장에서는 콜라주의 특성, 콜라주를 활용한 기법 연구 및 실습을 소개하였습니다. 4장에서는 오브제의 특성, 오브제를 활용한 기법 연구 및 실습을 소개하였습니다. 5장부터 6장까지는 모델링 매체 Ⅰ(가면)과 Ⅱ(점토)의 특성, 모델링 매체 Ⅰ(가면)과 Ⅱ(점토)를 활용한 기법 연구 및 실습을 소개하였습니다. 7장에서는 한국화 매체의 특성, 한국화 매체를 활용한 기법 연구 및 실습을 소개하였습니다. 8장에서는 자연물 매체의 특성, 자연물 매체를 활용한 기법 연구 및 실습을 소개하였습니다. 특히 각 장마다 매체별 특성을 제시하였고, 매체의 특성을 활용한 기법들을 소개하였습니다. 또한 미술활동 과정을 자세히 설명하고, 과정을 사진으로 제시하여 치료 현장에서 쉽게 적용할 수 있도록 안내하였으며, 매체와 기법에 따른 미술심리재활 적용과 주의점 등을 상세히 안내하였습니다. 아울러 미술치료 기법을 현장에서 사용했을 때의 적용사례를 살펴보기 위해서 저자들이 내담자들과 직접 작품 활동을 하고 내담자들의 동의하에 그들의 변화 과정을 서술하였습니다.

이 책을 집필하면서 그동안 함께 작품 활동을 했던 내담자들을 생각하며 그들에게 주어진 매체와 기법이 그들에게 어떤 느낌을 주었고, 어떤 도움이 되었는지에 대해 많은 생각을 하는 시간이 되었습니다. 그리고 이 책이 지금도 내담자들을 만나서 도움을 주고자 노력하고 있는 많은 미술치료사에게 실질적이고 활용성이 높은 지침서가 되기를 바랍니다. 더불어 미술심리재활 중심의 매체연구 및 실습이라는 주제에 관심을 주신 독자들, 교수진, 치료사들에게 의미 있는 책이 되기를 바라며 앞으로도 많은 격려와 조언을 부탁드립니다.

2023년
대표 저자 정재원

차례

제1장

드로잉 매체

1. 드로잉 매체의 특성

드로잉(Drawing) 매체는 평면매체 중 건식매체로서 연필, 색연필, 사인펜, 크레파스, 파스텔, 목탄, 콩테 등 회화적 표현에 쓰이는 매체를 말한다. 드로잉 매체는 부담 없이 간단하게 사용할 수 있고, 통제성이 있어 내담자들이 선호하는 매체이다. 또한 쉽고 선명하게 표현되는 특성으로 인해 자기이해와 자기표현에 있어서 적합한 매체이다.

1) 연필

연필은 가장 기본적인 미술 재료로서 친숙성이 높고 접근성이 좋다. 연하고 딱딱한 9H부터 진하고 부드러운 8B까지 있어 명암의 단계 조절이 가능하다. 세밀하고 정교한 묘사와 수정이 가능하여 내담자의 자유로운 표현과 생각을 구체화할 수 있다는 장점이 있다. 4B 연필은 그리는 사람에 따라 선의 질이 다르게 표현되어 투사검사나 미술치료 상담 시 가장 많이 사용한다. 그러나 연필의 강한 선을 지우개로 지울 때 자국이 남을 수 있어서 작품 완성 시 주의하여 사용하는 것이 좋으며, 투사검사가 아니라면 좀 더 세밀한 묘사가 가능하고 잘지워지는 2B 연필을 사용하여도 괜찮다.

2) 연필색연필

연필색연필은 부드러운 질감을 가지고 있으며, 연필처럼 깎아 쓸 수 있어 세밀한 묘사가 가능하고 눕혀서 사용하면 넓은 면을 칠할 수 있다. 또한 색의 개수가 많아서 다양한 색상으로 표현이 가능하다. 유성과 수성으로 나뉘는데, 유성 연필색연필은 물감과 함께 사용하면 배수 효과를 낼 수 있고 발색력이 좋다. 수

성 연필색연필은 물에 젖은 붓으로 칠하면 수채화처럼 번짐 효과가 가능해지며 색연필 본연의 선의 묘사도 함께 표현할 수 있다. 물에 젖은 종이 위에 수성 연필색연필로 그림을 그리면 진한 발색력의 선으로도 드로잉이 가능하여, 응용하기에 따라다양한 표현을 할 수 있다.

▶ 지우개로 수정이 가능한 색연필이 있고, 한 자루에 여러 가지 색이 들어가 있어 유아동에게 흥미를 주는 무지개색 연필색연필도 있다.

3) 샤프식 색연필

샤프식 색연필은 학교에서 가장 많이 쓰이는 재료로서 쉬운 접근성과 친숙함을 가지고 있어 내담자들이 거부감 없이 사용할 수 있는 재료 중 하나이다. 샤프식 색연필은 부드럽고 단단한 재질을 가지고 있으며, 선묘화나 채색화 등 다양한 방법으로 사용이 가능하다. 끝부분을 돌려 연필심의 길이를 조절하여 사용하는데, 힘을 주어 눌렀을 때 짧아지는 경우가 있어서 주의해야 한다.

4) 크레용

크레용은 안료에 파라핀이나 목랍을 섞어서 녹여 막대 모양으로 고형화한 회화 재료이다. 발색력이 약하여 혼색과 덧칠이 어려우나 고운 표현에 적합하다. 샤프식 색연필보다는 조금 더 부드럽게 표현할 수 있다. 잘 부러지지 않고 손이나 옷에 묻지 않아 어린 아동이나 촉각 방어가 심한 내담자가 사용하기 좋다.

5) 펜

펜은 글씨를 쓰는 필기도구의 하나로 일상생활에서 자주 사용되어 거부감 없이 사용할 수 있다. 수정이 어려운 단점을 가지고 있으나 볼펜, 만년필, 젤펜 등 종류와 색이 다양하여 여러 가지 표현이 가능하다. 일반 사무용으로 쓰던 펜을 미술치료에 활용하여 내담자에게 사고의 확장을 유도할 수 있으며, 날카로운 선의 표현은 세밀한 묘사를 도와준다.

6) 유성 매직

유성 매직은 점착력이 우수하여 종이 이외에 플라스틱, 유리 등에도 사용할 수 있으며, 빨리 건조되고 내수성이 강한 장점이 있다. 침투력이 강하여 종이나 책상 표면에 잘 스며들기 때문에 신문지나 비닐을 깔아야 하고, 휘발성이 강하여 사용 후 뚜껑을 닫아 놓아야 한다. 장기간 사용하지 않아 용제가 증발되었을 때는 벤젠

을 첨가하여 사용하며, 매끄러운 면에서는 벤젠이나 아세톤으로 깨끗하게 닦아 낼 수 있다.

7) 사인펜

사인펜은 색연필과 더불어 학교에서 가장 많이 쓰이는 재료로서 쉬운 접근성을 가지고 있다. 끝이 뾰족하여 자세하게 그릴 수 있어 정밀한 표현에 좋다. 유성 매직과 비슷한 사용감을 가지고 있으나 색이 더 맑고 선명한 느낌이다. 수성 사인펜으로 그린 그림에 물을 묻힌 붓을 사용하면 번짐 효과를 낼 수 있다. 장기간 사용하지 않아 용제가 증발되었을 경우 알코올이나 물을 첨가해 주면 재사용이 가능하다.

8) 크레파스

크레파스는 크레용과 파스텔의 중간 정도의 질감으로 크레용보다 훨씬 부드럽게 표현할 수 있는 재료이다. 혼색과 겹침, 긁어내기, 깎기, 문지르기, 바틱(batik)기법 등 다양한 효과를 낼 수 있다(김경식, 2011). 아동의 경우 학습 도구로 사용되어 흥미가 떨어질 수 있으므로 단순한 그리기 용도가 아닌 다양한 방법의 접근이 필요하다.

▶ 오일파스텔은 크레파스와 유사한 성질을 가진 매체로, 전문가용으로 많이 쓰이는 재료이다. 크레파스보다 조금 더 무르고 혼색하기에 좋고 부드러운 발색력을 가지고 있다.

9) 목탄

목탄은 주로 버드나무나 포도나무를 구워 숯으로 만든 흑색의 연한 소묘용 재료이다. 다양한 질감과 부드러운 명암 표현이 가능하여 그림에 깊이감을 줄 수 있다. 그러나 세밀한 묘사에는 적합하지 않아 즉흥적이고 역동적인 작품에 사용하기에 더 적합하다.

종류로는 연필형, 막대형, 압축형이 있는데, 일반적으로 막대형을 가장 많이 사용한다. 거친 종이 위에 발색이 잘되며, 지우개, 면으로 된 천, 식빵 등으로 쉽게 지워 낼 수 있으나 깨끗하게 지워지지는 않는다. 목탄은 내구성이 약해 쉽게 부러질 수 있고, 완성된 작품에는 정착액을 뿌려 주어야 한다. 또한 가루 날림이 있어서 호흡기가 약한 사람은 사용 시 주의해야 한다.

▶ 정착액이 없을 시 헤어스프레이나 투명 래커로 대체할 수 있다.

10) 콩테

콩테는 흑연, 목탄 등의 천연 안료와 점토를 섞어 물로 반죽해 다져서 구운 소묘 재료이다. 연필과 목탄의 중간 정도의 단단함으로 부드럽고 매우 진하게 표현되며 농담이 풍부하다. 콩테는 흑색, 회색, 갈색, 백색 등으로 색상이 제한되어

있지만, 종이의 색을 달리하거나 파스텔과 함께 사용하면 작품의 깊이감을 더해 준다.

11) 파스텔

파스텔은 빛이 있는 가루 원료를 막대 모양으로 굳힌 미술 재료이다. 색감이 선명하며 화려하면서도 부드럽고 온화하여 섬세하고 부드러운 감정을 표현할 수 있다(김경식, 2011). 발색력이 좋아서 다른 재료와 혼합 사용이 가능하며, 그리는 힘에 따라 색의 농도를 조절할 수 있다. 겹쳐 칠하기와 문질러서 색을 혼합할 수 있어서 즉흥적 표현에 좋다. 파스텔화의 용지로는 흡수성이

있는 종이나 표면에 결이 있는 종이가 적합하고, 색지의 바탕색을 살려서 사용하면 다양한 효과를 얻을 수 있다.

그러나 파스텔은 내구성이 약하고 접착성이 부족하여 작은 충격에도 작품에서 색감이 떨어지는 손상이 생길 수 있어 정착액을 뿌려 주어야 한다. 또한 손에 잘 묻어나서 내담자에게 거부감을 줄 수 있으며, 가루 날림에 의한 지저분함으로 내담자에게 죄책감을 줄 수 있으므로 세심한 준비 과정이 필요하다.

12) 파스넷

파스넷은 크레파스보다 부드러운 성질을 가지고 있으며, 플라스틱 막대로 감싸져 있어서 손에 묻지 않는다. 크레파스보다 통제력은 다소 떨어지지만, 손힘이 약한 내담자도 쉽게 사용할 수 있어서 유아나 노인들이 사용하기 편리하다. 또한 수성 재료로서 물과 함께 사용하면 물감과 같은 효과를 낼 수 있는 장점이 있다. 물감을 사용하는 것

에 어려움이 있는 내담자에게 물감 사용에 익숙 해질 수 있도록 도움을 줄 수 있다(김병철 외, 2016).

2. 드로잉 매체를 활용한 기법 연구 및 실습

1) 난화

난화는 낙서와 같이 자유롭게 휘갈겨 그리는 그림으로 선을 긋는 행위 자체의 즐거움을 주어 몰입 경험을 선사해 준다. 내담자에게 몰입 경험은 현재 겪고 있는 심리적 문제에서 한 발자국 물러나 쉼의 여유를 줄 수 있다. 또한 난화에서 나타나는 이미지를 찾고 이야기를 만드는 구체화 과정은 개인의 무의식을 탐색하는 통찰의 과정이라고 할 수 있다.

준비물

색연필, 사인펜 또는 네임펜, 다양한 크기의 도화지

기대목표

- 자유롭게 선을 그리는 활동을 통해 긴장이완과 흥미를 유발한다.
- 작품의 구체화를 통한 무의식을 탐색한다.

미술활동

① 전신을 크게 움직이는 간단한 워밍업 동작으로 긴장을 풀어 주고 이완시켜 준다.
② 종이에 색연필로 낙서하듯 자유롭게 그린다.
③ 그려진 난화를 다양한 각도에서 보고 떠오르는 이미지를 3~5개 정도 찾는다.
④ 찾은 이미지를 종이 뒷면에 적은 후 이야기를 만들고 제목을 적는다.

미술심리재활 적용

- 난화는 유희적 즐거움을 주는 활동으로 경직되어 있는 내담자에게 심리적 이완 효과를 줄 수 있다. 또한 대화를 통해 평소 내담자가 어느 때 긴장을 하는지, 자신만의 긴장이완법이 있는지를 찾아볼 수 있는 기회를 제공할 수 있다.
- 난화를 시작하면 틀에 맞춰서 살아오던 내담자는 머뭇거리며 시작하기를 두려워하는 경우가 있다. 이럴 때는 아무 의미 없이 하는 행위에서 오는 즐거움 그 자체를 느낄 수 있도록 편안한 분위기 조성도 필요하다. 또한 평소 틀에 갇힌 자신의 모습과 자유로운 상태에서 자신의 모습과의 차이에 대해서 이야기를 나누어 보며, 현실 속 어떤 부분이 자신을 통제하고 있는지에 대해서 생각해 볼 수 있다.
- 난화를 통해 찾은 이미지와 이야기 내용을 토대로 내담자 스스로가 자신의 문제를 인식할 수 있게 치료사는 내담자의 현실 문제에 초점을 맞출 수 있도록 도와야 한다.

사례

　30대 기혼 여성의 난화 작품이다. '포뇨', '스프링', '행복한 왕자'의 이미지를 찾았고, 이야기는 포뇨는 행복한 왕자를 만나 너무 기뻤고, 어느 날 스프링이 행복한 왕자의 보석 눈을 빼앗아 갔다는 내용이다. 내담자는 행복한 왕자의 넥타이를 보고 답답하게 보인다고 하였다. 최근 답답한 일이 있는지 물어보는 치료사의 질문에 요즘 예상치 못한 일로 직장 상사와 문제가 좀 있었다고 하였다. 치료사와의 대화를 통해 어떤 문제들이 있었는지, 감정의 변화는 어떠하였는지, 현재는 어떻게 문제를 해결해 나아가고 싶은지에 대해 이야기를 나누었다.

2) 별칭짓기

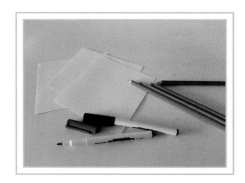

준비물

색연필, 사인펜 또는 네임펜, 도화지

기대목표

• 자신에 대한 탐색 과정을 통해 자기정체감을 확인한다.

• 긍정적 생각의 유도를 통해 자아존중감을 향상한다.

미술활동

① 자신을 잘 나타낼 수 있는 별칭에 대해 생각해 보는 시간을 가진다.

② 도화지 위에 생각한 별칭을 그림 또는 글로 표현한다.

③ 자신의 작품을 설명할 시간을 가진다.

미술심리재활 적용

• 내담자가 자신을 나타내는 별칭을 생각하기 어려워할 경우, 좋아하는 물건이나 자신과 닮은 동물 혹은 주변 사람들이 불러 주는 애칭 등을 생각할 수 있도록 도와준다.

• 자신의 별칭을 나타낼 때 긍정적인 내용을 찾아 생각할 수 있도록 유도한다. 만약 내담자가 부정적인 표현을 한다면 이를 인정해 주며 긍정적인 방향으로 바뀔 수 있도록 도와주는 것도 필요하다.

• 집단에서는 표현한 별칭에 대해 구성원 모두가 긍정적인 피드백을 할 수 있도록 유도한다.

사례

　　초등학교 고학년 집단의 별칭짓기 작품이다. 첫 번째 작품부터 순서대로 '토깽이', '안경', '오리', '코코아', '게임짱', '블록'이다. 프로그램을 시작하기 전에는 집단 구성원 간 상호작용이 없이 어색해하였으나 별칭을 정하고 완성하여 발표를 할 때에는 경청하는 모습이 관찰되었다. '안경'의 별칭을 보고 구성원은 특징을 잘 나타낸 것 같다고 하였고, '게임짱'의 발표 때는 서로의 공통 관심사가 있다는 것에 흥미 있어 하였다. '블록'의 발표 때는 머뭇거렸으나 구성원의 칭찬에 좋아하였다. 집단 구성원 모두가 각자 가지고 있는 특징들을 잘 나타낸 것 같다며 만족스러워하였다.

3) 감정사전(8분할법)

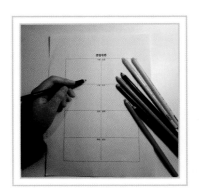

준비물

　색연필, 사인펜, 도안 또는 다양한 크기의 도화지

기대목표

자신의 감정을 인식하고 표현할 수 있다.

미술활동

① 준비된 도안을 사용하거나 종이를 8등분으로 나눈다.

② 각 칸에 '기쁨, 슬픔, 사랑, 증오, 행복, 불행, 희망, 절망'의 감정 이름을 순서대로 적는다.

③ 감정 단어에 맞는 이미지를 그린다.

④ 완성 후 이야기를 나눈다.

미술심리재활 적용

• 하나의 감정은 다른 감정과 연결되어 있어 자신의 감정을 인식하기 어렵게 만든다. 8분할법은 평소에 느꼈던 복잡한 감정을 하나씩 나누어 탐색할 수 있는 공간을 제공하여 준다.

• 감정의 양면성을 탐색하는 활동은 자신의 감정을 다각도로 바라볼 수 있게 하여 통찰의 경험을 제공할 수 있다.

• 그린 순서나 집중해서 그린 부분 또는 그리기 어려워했던 감정에 대한 반응은 내담자에게 중요한 의미를 주므로 치료사는 주의해서 살펴보아야 하며, 내담자가 표현한 이미지에 대해 구체적으로 이야기를 나누어야 한다.

• 이미지로 표현된 감정의 심상은 무의식적 표현으로 현재 느끼고 있는 감정부터 과거의 심상을 함께 살펴볼 수 있다. 현재 나타난 감정이 과거의 어느 시점에서부터 출발하였는지에 대해 이야기를 나누어 본다. 이러한 과정은 감정의 응어리를 풀 수 있는 기회가 되어 준다.

사례

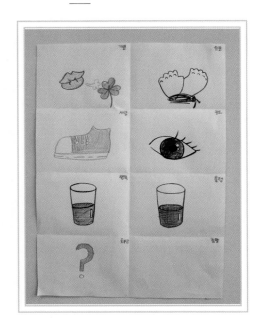

자녀양육으로 인해 힘들어하는 30대 기혼 여성의 감정사전 작품이다. 첫 번째 이미지부터 순서대로 '기쁨'은 길가에 핀 풀과 아이의 예쁜 입술을 그렸고, '슬픔'은 두 손이 스스로 묶여 있는 것을 내담자가 마음대로 할 수 없는 것으로 표현하였다. '사랑'은 서로의 독립이라는 의미로 운동화를, '증오'는 타인을 어떻게 바라보느냐에 따라 증오가 될 수도 있다는 의미에서 눈을 그렸다. '행복'과 '불행'은 컵에 물이 반만 담긴 똑같은 이미지로 그렸고, '희망'을 그릴 때는 다른 칸과는 다르게 많이 망설이고 무엇을 그려야 할지 모르겠다고 하며 물음표를 그려 주고, '절망'은 아무것도 없는 것이라고 하며 빈 공간으로 남겨 두었다.

내담자의 작품 중 '행복'과 '불행'에서 물의 양이 반씩 표현된 것은 특정 감정을 느낄 수 있을 만한 심리적 에너지가 적은 것으로 보이며, 이로 인해 미래에 대한 불투명한 심상이 물음표의 형태에서 나타나는 것으로 보인다. 아이가 입으로 불어 본 풀이 크게 흔들리지 않고, 스스로 묶은 손도 스스로 풀 수 있을 만큼의 묶음이라고 하는 것으로 보아 아직은 내담자 스스로 자신의 문제를 해결할 수 있는 힘이 남아 있는 것으로 보인다.

4) 감정 이모티콘

준비물

색연필, 사인펜, 감정 이모티콘 도안

기대목표

이모티콘의 표현을 통해 자신의 감정 표현
방식을 알아본다.

미술활동

① 평소에 많이 쓰는 이모티콘들에 대해 생각해 본다.

② 생각한 이모티콘을 표현하고, 어느 상황에서 사용하는지 구체적으로 적는다.

③ 그려진 이모티콘에 대해서 이야기를 나눈다.

▶ 도안의 사용은 집단에 적합하며, 개인 미술치료에서는 도안을 사용하지 않고 자유롭게 표현할 수 있
도록 하는 것이 좋다.

미술심리재활 적용

• 표현된 이모티콘을 어느 상황에서 사용하는지 탐색하여 봄으로써, 평소 내담자
의 감정 표현 방식이 솔직한지 아니면 이모티콘 뒤에 숨어 상반된 감정을 표현
하는지에 대해서 알아볼 수 있다.

• 대상에 따라 사용하는 이모티콘의 종류는 그 사람과의 관계성에 대한 탐색을
할 수 있다.

- 내담자의 욕구를 알아보기 위해 받고 싶은 이모티콘은 어떤 것이 있는지, 누구에게 받고 싶은지에 대한 이야기를 나누어 본다.
- 내담자가 이모티콘을 그리기 어려워할 경우, 다양한 이모티콘의 예시를 보여주거나 내담자의 채팅 창에서 사용하였던 이모티콘을 참고한다.

사례

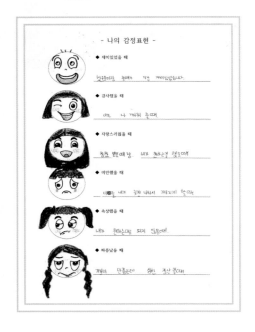

여자 대학생의 감정 이모티콘이다. 내담자는 평소 다른 사람들에게 자신의 감정을 잘 표현하지 못하는 편으로, 솔직하게 표현하면 사이가 틀어질 수 있다는 걱정으로 항상 웃는 표정을 하거나 장난스러운 이모티콘을 보내는 편이라고 하였다. 자신의 감정을 솔직하게 표현했을 때 안 좋은 일이 생겼는지 물어보는 치료사의 질문에 기억에 남을 만큼 나쁜 일은 없었던 것 같다고 하며, 자신이 너무 부정적으로만 생각했던 것 같다고 하였다. 앞으로는 솔직하게 표현하는 것도 시도해 봐야겠다고 하였다.

5) 9분할 통합 회화법

9분할 통합 회화법은 도화지에 테두리를 그린 후 9분할하고 각각의 칸 속에 그림을 그리는 것이다(최외선 외, 2012). 이는 내담자의 상황에 따라 다양한 주제를 사용하여 자신, 가족, 친구 이미지를 통합하거나 분할하여 표현할 수 있다.

준비물

검은색 사인펜, 연필, 색연필이나 크레파스, A4 용지 또는 도화지

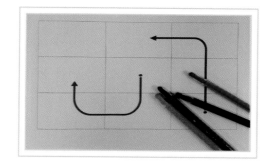

기대목표

내담자의 복잡한 심리적 요소를 구체적이고 포괄적으로 파악한다.

미술활동

① 치료사가 용지에 검은색 사인펜으로 자유로이 테두리를 그린 후 화면을 3×3으로 구분한다.

② 분할된 용지를 제시하고 지시사항에 따라 그림을 그리게 한다.

"오른쪽 아래 칸부터 시계 반대 방향으로 중심을 향하여 순서대로 그리든지 또는 그 반대 방법도 상관이 없습니다. 어머니(아버지, 가족, 형제, 자매 등)에 관하여 일상생활 중에서 느낀 대로, 생각나는 대로, 머리에 떠오르는 대로 무엇이라도 상관이 없습니다. 자유롭게 그림을 그려 주세요. 그림을 그리지 못할 경우는 문자, 도형, 기호 등을 그려도 상관없습니다."

③ 각 그림에 간단한 설명을 적는다.

④ 내담자가 원하는 경우 색연필이나 크레파스로 색칠한다.

⑤ 그려진 그림, 문자, 도형, 기호가 무엇을 의미하는지에 대해 이야기를 나눈다.

미술심리재활 적용

• 9분할 통합 회화법은 자유연상의 표현으로 그림을 그리는 순서에 대해서 안내

는 하지만 제약은 하지 않으며, 생각나는 순서대로 표현하여도 괜찮다. 또한 내담자가 9칸을 모두 그리지 못하는 경우 전부 그릴 필요는 없다는 것을 말해 준다.

• 이미지 순서에 대한 반응에서 연상의 처음 부분과 마지막에 그려진 부분은 내담자에게 중요한 의미를 준다. 치료사는 처음 부분과 마지막에 그려진 부분을 주의해서 살펴보아야 하며, 내담자에게 가장 중요하게 표현된 것이 무엇인지도 물어보아야 한다.

• 9분할 통합 회화법은 종이를 9등분하여 그림을 그리기 때문에 그림 공간이 축소되면서 상징성이 강조된다. 그림에 그려진 상징물이나 간단한 단어들은 중요한 정서적 내용이 포함되기 때문에 내담자로 하여금 생각과 감정을 구체적으로 표현할 수 있도록 해야 한다.

사례

30대 대학원생의 9분할 통합 회화법 작품으로 제목은 '내가 좋아하는 것'이다. 처음으로 그린 이미지는 상쾌한 향을 좋아하여 '페퍼민트'를 표현하였고, 마지막에 그

린 이미지는 평소 쇼핑을 좋아하여 '의류들'을 그려 주었다. 내담자가 표현한 이미지는 대부분 현실적인 이미지들로 물건에 대한 소유욕이 강하고, 현실주의적인 성향을 가지고 있는 것으로 보인다. 가장 중요하게 표현한 부분은 ⑦번 칸에 있는 '전자기기'이다. 내담자는 전자기기를 통해 많은 정보를 얻을 수 있어서 좋고, 매사에 정확한 것을 좋아한다고 하였다. 주변에서는 자신의 이런 성격을 힘들어하기도 하지만, 자신의 결정이 항상 옳다고 생각하기 때문에 바꿀 생각은 없다고 하였다.

6) 인생 그래프

준비물

색연필, 사인펜, 다양한 크기의 도화지

기대목표

과거, 현재, 미래의 모습을 탐색하여 자신을 이해한다.

미술활동

① 나이와 행복지수, 불행지수가 나와 있는 인
   생 그래프의 도안을 제시한다.
② 나이별로 행복지수와 불행지수의 점수를 점으로 찍은 후, 점을 따라 선을 이어
   준다.
③ 자신에게 의미가 있었던 사건을 점의 위치에 적어 준다.
④ 인생 그래프의 나타난 모양과 특정 사건에 대해서 이야기를 나눈다.

미술심리재활 적용

- 과거의 사건이 별로 중요하지 않다고 생각했던 사람도 삶의 여정 속에서 다시 바라볼 때는 통합적인 관점에서 생각해 볼 수 있는 기회가 된다. 치료사는 과거의 사건이 현재 자신의 모습에 어떤 영향을 주었는지에 대해 이야기를 나누어 볼 수 있도록 한다.
- 현재의 행복지수와 불행지수에 대해 탐색하여 무엇이 삶의 만족도를 변화시키고 있는지 알 수 있는 기회를 제공하며, 현재 자신의 삶이 미래에 어떤 영향을 줄 것인지에 대해서 알아본다.
- 미래에 대한 상이 긍정적일수록 삶에 대한 의지가 강해지며 만족도 또한 높아진다. 내담자의 미래가 부정적일 경우 치료사는 내담자가 긍정적으로 생각할 수 있도록 유도한다.

사례

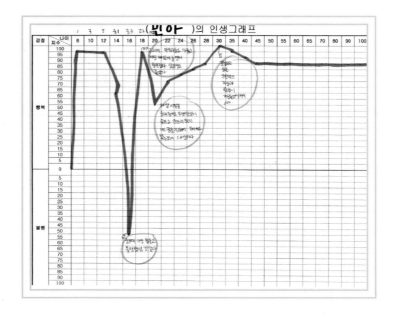

　　여자 대학생의 인생 그래프로 중학교 시절을 가장 힘들고 불행한 시기로 표현하였다. 내담자는 현재 20대 시절을 미래에 대한 준비로 보낸다는 것이 슬프고 안쓰럽지만, 자신의 꿈을 위해 해내고 있는 것이 대견하다고 하며 높은 수준의 행복감을 나타내었다. 내담자는 인생 그래프를 그리며 지나온 일을 돌이켜 볼 수 있었고, 현재는 조금 힘들기는 하지만 지금의 노력이 미래의 자신에게 행복감을 줄 것이라는 인식을 할 수 있었다고 하였다.

7) 나에게 중요한 것

준비물

색연필, 사인펜, 다양한 크기의 도화지

기대목표

자신에게 있어 중요한 것들에 대한 가치를 인식한다.

미술활동

① 도화지에 '중요하지 않은 것, 중요한 것, 아주 중요한 것'의 3가지 항목의 칸을 만든다.

② 칸에 3가지 항목을 적어 준 후 각 항목에 대해 생각해 본다.

▶ 3가지 항목의 칸은 내담자가 자유롭게 그리게 하거나 도안을 제시하여 줄 수도 있다.

③ 순서에 상관없이 떠올린 내용들을 각 항목에 글이나 이미지로 채워 준다.

④ 각 항목에 글로 적거나 그린 이미지에 대해서 이야기를 나눈다.

미술심리재활 적용

• 내담자가 가장 중요하게 생각하는 것들은 무엇인지, 그 이유는 무엇인지 자세하게 탐색하여야 한다. 그리고 중요하게 생각한 것들을 가질 수 있는 방법에 대해서 자세하게 이야기를 나누어 본다.

• 어떠한 차이에 의해 중요함의 가치를 두고 나누었는지 확인해 봄으로써 내담자의 가치관에 대한 탐색을 할 수 있다.

• 내담자의 어떠한 표현도 수용해 주어야 하며, 추상적인 내용일 경우 상담을 통해 현실적으로 구체화시켜 주는 것이 좋다.

• 내담자에 따라 3가지 항목을 생각해 내기 어려워하는 경우가 있다. 이때에는 비어 있어도 괜찮다고 이야기해 주는 것이 좋으며, 항목을 '중요한 것과 중요하지 않은 것' 두 가지로 나누어 쉽게 접근하여도 괜찮다.

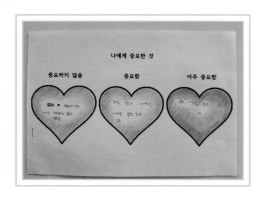

사례 1

여자 대학생이 자신에게 중요한 것을 표현한 작품이다. 내담자는 아주 중요함으로 '공부, 경험, 성취, 나'를 표현하였으며, 중요함에는 '취업, 결과, 내 생각, 내 마음, 감정, 친구, 소통'을 표현하였고, 중요하지 않음에는 '사람의 시선, 내가 생각하지 않는 모든 것'을 표현하였다. 대학 생활에서 학업성취에 대한 욕구를 가지고 있으며, 대인관계에서는 스트레스를 받고 있는 것으로 보인다.

사례 2

11세 여자 아동이 현재 생활하면서 중요
하지 않은 것, 중요한 것, 아주 중요한 것을
표현한 작품이다. 쓰레기통에 '숙제, 공부,
시험'을 중요하지 않은 것으로 표현한 것으
로 보아 학업에 대한 스트레스를 많이 받
고 있음이 보이며, 꽃의 이미지에 '친구'를
중요한 것으로 표현하였는데, 이는 현재

또래와의 관계성에 초점을 맞추고 있음이 보인다. 그리고 나무에 '가족'을 아주 중요
한 것에 표현함으로써 가족과의 애착 관계나 소중함을 표현한 것으로 보인다.

8) 신체 본뜨기

준비물

색연필, 사인펜, 크레파스, 파스텔 등의 다양
한 드로잉 매체, 전지(사람 크기의 종이)

기대목표

• 신체상의 표현을 통해 자기인식감을 향상시
  킨다.
• 긍정적인 자기상을 경험한다.

미술활동

① 사람 크기의 전지를 바닥이나 벽에 붙여 놓는다.

② 준비된 전지에 내담자가 원하는 자세를 취하고 치료사나 집단 구성원이 신체
를 본떠 준다.

③ 다양한 드로잉 매체를 활용하여 자신의 신체를 자유롭게 꾸민다.

④ 완성된 작품을 벽에 걸어 감상한 후 이야기를 나눈다.

미술심리재활 적용

• 신체 본뜨기의 주제는 현재의 내 모습, 미래의 내 모습, 내가 가진 장점 등 다양
하게 응용할 수 있다.

• 신체 본뜨기는 내담자가 자신의 신체에 집중하게 함으로써 외적 이미지와 내적
이미지에 대한 탐색을 할 수 있게 하여, 자신의 전체적인 모습을 이해하고 수용
할 수 있게 된다(이영옥, 정여주, 2006).

• 내담자가 자신의 모습을 시각적으로 표현하고 바라보는 과정은 자신이 인식하
지 못했던 부분을 인식할 수 있도록 도와주며, 완성된 작품을 통해 자신에 대한

소중함을 느끼는 애착의 경험이 될 수 있다.

• 신뢰감이 형성된 상태에서 신체 본뜨기를 진행하여야 하며, 신체 접촉에 주의
　하여야 한다.

사례

　6세 여자 아동과 어머니가 함께 활동한 신
체 본뜨기 작품이다. 내담자의 어머니는 6개월
전 둘째를 출산하고 내담자를 2개월 정도 친정
부모님의 집에 맡겼었는데, 그 이후로 내담자
의 울음과 짜증이 많아졌다고 하였다. 내담자
는 어머니가 본을 떠 줄 때 간지럽다고 하면서
웃으며 즐거워하였다. 작품을 완성하는 동안
내담자의 지속적인 요구에 어머니는 따라 주
었고 내담자는 만족해하였으며 완성된 자신의
모습을 보고 공주같이 예쁘다고 좋아하였다.
내담자의 어머니는 아이와 함께 활동하면서

아이가 좋아하는 모습을 보니, 평소에 많이 신경 써 주지 못해 미안한 마음이 들고 앞
으로 잠깐이라도 둘만의 시간을 보내야겠다고 하였다.

9) 사인펜 번지기

준비물

수성 사인펜, 도화지, 붓, 물통

기대목표

사인펜 번지기 과정을 통해 흥미를 유발하
고 자기조절능력을 형성한다.

미술활동

① 도화지에 수성 사인펜을 사용하여 여러 가지 모양의 선을 긋는다.

② 선이 그어진 종이 위, 붓에 깨끗한 물을 묻혀 원하는 모양으로 칠한다.

③ 작품의 제목을 정하고 이야기를 나눈다.

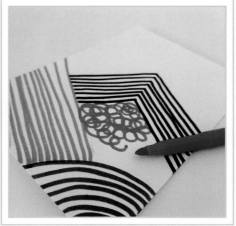

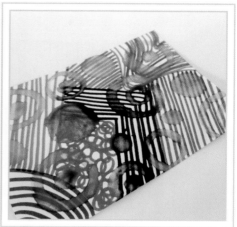

미술심리재활 적용

- 어린 아동이 사인펜 번지기 활동을 할 때, 흥미 유발과 집중력 향상을 위해서 다양한 색과 선을 사용할 수 있도록 하며, 치료사가 아동과 함께 칸을 나누어 게임을 하듯 진행하면 흥미로운 활동이 될 수 있다.
- 선의 간격이 넓을 경우에는 사인펜 번지기가 효과적이지 않아 선의 간격을 조절할 수 있도록 안내하여 준다.
- 사인펜 번지기 작품의 변화는 창의적 경험의 결과가 되어 주며, 통제적인 내담자에게 자유로운 경험이 될 수 있다.
- 수성 사인펜의 종류에 따라 번지기가 잘되지 않는 경우가 있기 때문에 미리 확인 후 사용하는 것이 좋다.

사례

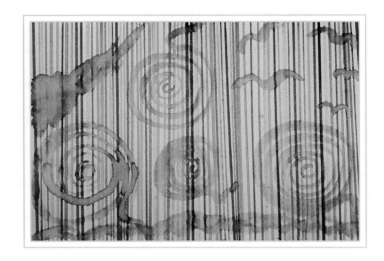

　시험에 대한 불안감을 가지고 있는 18세 남자 고등학생의 사인펜 번지기 작품이
다. 내담자는 선을 그릴 때 자를 사용하고 싶다고 하였고 간격을 일정하게 유지하려
고 하며 여러 가지 색을 사용하여 작품의 완성도에 심혈을 기울이는 모습을 보였다.
번지기를 할 때 내담자가 주저하여서 치료사가 시범을 보여 주자 흥미를 보이며 조
심스럽게 번지기를 시도하였다. 처음에는 나선형의 모양으로 번지기를 하였고, 색
이 번지는 모습을 보며 재미있다고 하였다. 나선형의 모양이 바다 위에 있는 구름 같
다고 하며 파도와 갈매기를 그려 주었다. 처음 번지기를 시도할 때 작품이 망가질까
두려웠지만 시도해 보니 생각보다 재미있고 멋지게 표현되는 것 같다고 하였다. 완
성된 작품의 제목은 '바다'로, 시험을 잘 보고 나면 혼자서 탁 트인 바다에 가 보고 싶
다고 하며 내담자 자신의 마음을 표현하였다.

10) 연필자국 지우기

준비물

미술용 4B 연필 또는 4B 연필보다 진한 미술
용 연필, 지우개, 도화지

기대목표

- 친숙하고 수정이 용이한 연필매체의 활용
  을 통해 긴장감을 완화시켜 준다.
- 연필로 자유롭게 선을 긋는 활동을 통해 감
  정을 분출하고 스트레스를 해소시켜 준다.

미술활동

① 도화지에 미술용 연필을 비스듬히 기울여서 면을 칠하듯 선을 그어 준다.

② 연필로 그은 선이 다 채워진 도화지에 휴지를 사용하여 문질러 준다.

③ ②의 과정이 끝난 작품을 보고 생각나는 이미지를 떠올린다.

④ 지우개의 모서리를 사용하여 떠올린 이미지의 형태대로 지워 준다.

⑤ 지우개와 연필을 사용하여 작품을 완성한다.

⑥ 완성된 작품의 제목을 정하고 이야기를 나눈다.

▶ 지우개 사용 시 날카로운 모서리의 면을 사용하며, 뭉뚝한 지우개 사용 시 사선으로 잘라 사용한다.

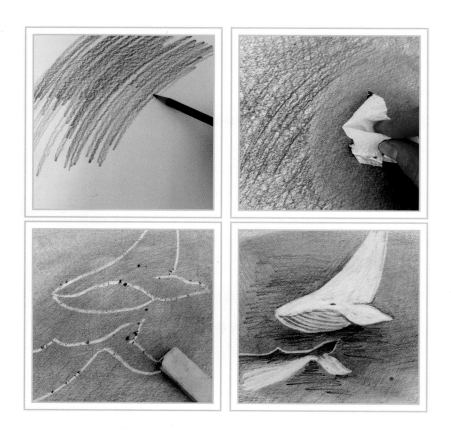

미술심리재활 적용

- 연필은 가장 친숙하고 통제성이 강하여 다루기가 쉬운 매체로, 지우개를 사용하면 수정이 용이하여 미술치료 초기에 그림에 대한 긴장감을 완화시켜 주는데 좋은 매체가 될 수 있다.

- 팔의 큰 움직임과 연필로 선을 그을 때 나는 소리는 에너지를 분출시켜 주며, 이러한 과정은 심리적 카타르시스를 경험할 수 있도록 도와준다. 내담자가 편하게 선을 그을 수 있도록 이젤을 제공하여 주는 것이 좋다.

- 연필로 그은 선을 손가락이나 휴지로 문지르면 겹쳐진 선의 거친 느낌과는 다

른 매우 부드러운 질감과 느낌을 전달해 줄 수 있다. 이러한 과정은 내담자에게 퇴행적 경험과 심리적 만족감을 줄 수 있다.

사례

　40대 늦깎이 대학생이자 직장 여성의 연필자국 지우기 작품이다. 내담자는 부모 님이 일찍 돌아가셔서 학업과 생계를 책임져야 했기 때문에 하고 싶었던 것들을 포 기하고 살다가 늦은 나이에 시작한 공부와 직장에서의 대인관계로 힘들다고 하였 다. 하고 싶은 것은 많은데 주위 환경이 그것을 받쳐 주지 못해서 힘들고 우울함을 느낀다고 하였다. 밝은 빛을 비춰 주는 등대를 표현하며, 본인은 주위 사람들에게 그 러한 존재가 되기 위해 노력하는데 정작 자신은 그러함을 받지 못하는 것 같아 속상 하다고 하였다. 내면에는 답답함과 분출하지 못하는 스트레스가 많았는데, 작품 활 동을 통해 스트레스도 분출하고 내면을 작품에 표현하며 위안을 받았다고 하였다.

11) 게임판 만들기

준비물

사인펜, 색연필, 연필, 지우개, 4절
하드보드지, 주사위, 게임 말

기대목표

게임판 만들기 활동을 통해 흥미를
유발하고 상호작용을 촉진한다.

미술활동

① 어떤 게임판을 만들지 주제를 정한다.

② 하드보드지에 다양한 모양을 활용하여 게임판 도안을 그린다.

③ 그린 게임판에 미션을 적고, 게임 규칙을 정한다.

④ 게임 말을 만든다.

⑤ 규칙을 지키며 게임을 한다.

⑥ 소감 나누기를 한다.

미술심리재활 적용

• 게임판의 주제는 내담자 또는 집단 구성원이 스스로 정할 수 있도록 한다. 내담
  자의 심리적 문제에 초점을 두고 진행할 경우 치료사가 주제를 제시하는 것도
  괜찮다.

• 게임에 자발적으로 참여할 수 있도록 게임의 규칙 및 미션은 내담자 또는 집단

구성원이 스스로 정할 수 있도록 한다.

- 게임판의 미션을 정할 때는 활동의 즐거움을 위해 긍정적인 미션을 정할 수 있도록 하며, 다른 사람에게 피해를 준다거나 할 수 없는 것들에 대해서 제한하는 것이 좋다. 진행 중 새로운 규칙이 필요할 때에는 의논을 통하여 결정할 수 있도록 한다.
- 아동·청소년의 경우 게임 우승 시 받을 수 있는 간단한 선물을 준비하여 참여율을 높인다.

사례

또래관계 의사소통 향상을 위한 초등학교 저학년 집단의 게임판 만들기 작품이다. 게임판의 주제는 '예쁜 말 게임판'으로 3명씩 나누어 게임판을 만들었다. 왼쪽 게임판의 미션으로는 '멋진 친구야!'라고 말하기, 토닥토닥 해 주기, 미소 짓기 등이고, 오른쪽 게임판의 미션으로는 '넌 최고야!'라고 말하기, 친구에게 쓰담쓰담하기, '사랑해.'라고 말하기 등이다. 집단 구성원이 모두 참여하여 게임을 진행하였고, 처음에는 어색해하며 미션을 수행하는 모습을 보였으나 여러 번 진행하면서 적극적이고 즐겁게 참여하였다. 회기를 마치고 나서도 더 하고 싶다고 하며 게임판을 서로 바꿔 가면서 게임을 하는 모습이 관찰되었다.

12) 마음의 잔

준비물

색연필, 도안 또는 도화지

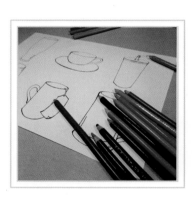

기대목표

다양한 자신의 감정을 인식하고 표현한다.

미술활동

① 자신이 평소에 자주 느끼는 감정에 대해 생각해 보는 시간을 가진다.

② 마음의 잔 도안에 감정의 이름을 각각 적는다.

③ 자신이 느끼고 있는 감정의 양만큼 색으로 채운다.

④ 표현된 감정에 대해 이야기를 나눈다.

미술심리재활 적용

- 마음의 잔에 표현된 감정을 어떨 때 느끼는지에 대해 구체적으로 탐색할 수 있도록 한다.

- 이 잔을 누구와 함께 마시고 싶은지에 대한 이야기를 나누어 봄으로써 타인에 대해 느끼고 있는 감정에 대해서 알아볼 수 있다.

- 감정이 응축되어 있으면 심리상태가 경직될 수 있어서 재료의 사용 시 다양한 매체의 활용이 필요하다. 촉감 경험을 할 수 있는 매체는 감각을 자극하게 됨으로써 감정 순화작용이 이루어질 수 있다. 파스텔로 칠하고 문질러 표현하거나, 투명 컵에 액체괴물을 활용하여 표현할 수도 있다.

사례

　　최근 이직한 회사에서 많은 양의 업무로 스트레스를 받고 있는 40대 남성의 마음
의 잔 작품이다. 내담자는 처음에는 머뭇거리며 오랜 시간을 생각한 후 활동을 시작
하였다. 가장 먼저 그린 것은 '긴장감'의 잔으로 업무의 양이 많다 보니 어떤 일을 먼
저 해야 하나 조급한 마음이 들고, 실수가 많아 항상 긴장되고 걱정이 많다고 하였
다. 하지만 열심히 하면 잘될 거라는 기대감을 가지고 있다고 하였다. '분노'의 감정
을 가장 적게 표현하였는데, 평소에 화를 잘 내지는 않지만 운전할 때 간혹 화를 참
지 못할 때가 있다고 하였다. 마지막으로 표현한 감정은 '여유로움'으로 일상이 바쁘
고 힘들기는 하지만, 힘든 상황에서 다시 일어설 수 있다고 스스로를 위로하기 위해
단 몇 분이라도 여유시간을 가진다고 하였다. 내담자는 평소 자신의 감정을 돌아보
는 시간이 없었는데, 마음의 잔 활동을 통해 감정을 표현해 봄으로써 감정이 정리되
는 시간이었다고 하였다.

13) 나와 너의 시선

준비물

미술용 연필, 색연필, 파스텔, 도화지

기대목표

• 무의식적 투사를 통해 자기인식감을 가진다.

• 통합적 자아개념을 형성한다.

미술활동

① 자신에 대해 생각할 수 있는 시간을 충분히
   가진다.

② 두 개의 도화지에 내가 보는 나의 눈과 타인이 보는 나의 눈을 그린다.

③ 두 가지의 눈에 생각나는 이미지를 그린다.

④ 완성 후 제목을 정하고 이야기를 나눈다.

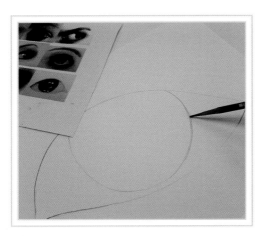 

미술심리재활 적용

• 눈은 마음의 창으로 내면을 나타내면서 환경으로부터 오는 자극을 받아들이는 기관이다. 눈으로 본다는 것은 외적인 것에서부터 내적인 것까지 심층적으로 본다는 것으로 다른 두 눈의 표현을 통해 내적·외적 갈등을 인식하고 통합할 수 있는 기회를 제공할 수 있다.

• 대부분의 사람은 타인의 시선에서 자유로울 수 없기 때문에 진정한 자신의 욕구를 알아차리기가 쉽지 않다. 그러므로 타인의 시선 표현을 통해 좌절되었던 자신의 내적 욕구를 알게 될 때 진정한 자기 자신을 알아갈 수 있다.

• 눈의 모양에 따라 내담자에게 다른 심상을 줄 수 있다. 거울을 보고 자신의 눈을 그려 보는 것도 좋고, 다양한 감정이 표현된 눈 사진을 제시하여 감정의 투사를 도울 수도 있다.

사례 1

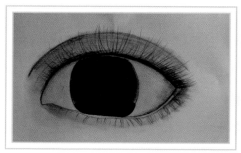 

    15세 여자 아동이 그린 나와 너의 시선 작품이다. 왼쪽 작품은 내가 보는 시선으로, 내담자는 자신은 꼭 밤에 홀로 있는 잎이 다 떨어진 나무 같다고 하였다. 친구들은 자신을 화려하고 활달하게 보지만, 자신은 마음도 약하고 쉽게 상처를 받는 편이어서 속마음을 표현하지 못하며 혼자서 생각을 많이 하는 편이라고 하였다.

    오른쪽 작품은 타인이 보는 시선으로, 친구들은 자신을 화려하고 도도하게 보는 것 같다고 하였다. 평소 꾸미는 것을 좋아해서 옷을 화려하게 입고 화장도 진하게 하는 편이라서 그렇게 보는 것 같고, 친구들이 자신에게 먼저 말을 시키는 편은 아니라고 하며 열쇠 모양의 홍채를 그려 주었다.

사례 2

12세 남자 아동이 그린 나와 너의 시선 작품이다. 왼쪽 작품은 내가 보는 시선으로 옆얼굴의 모습에 물음표를 그려 주었고, 오른쪽 작품은 타인이 보는 시선으로 농구하는 모습과 주먹을 그려 주었다. 친구들은 자신을 운동 잘하고 힘이 센 사람으로 볼 것 같다고 하였고, 자신도 이런 모습이 마음에 든다고 하였다. 내가 보는 나는 잘 모르겠다고 하며 옆얼굴의 모습에 물음표를 그려 주었다.

두 작품을 보고 타인이 보는 모습이 마음에 든다고 하며 눈썹을 진하게 그려 주고 음영을 넣어 주며 완성하였다. 내담자는 강압적인 가정환경으로 인해 자신의 감정을 잘 드러내지 않는 편으로, 작품에서도 타인의 시선에 민감해져 있으며 자신의 욕구가 좌절된 경험으로 인해 내적 공격성이 나타나고 있다.

14) '손'과 '손'

준비물

콩테, 목탄, 색연필, 볼펜 등 다양한 드로잉 매체, 도화지

기대목표

다른 특성의 재료를 통해 손이 가지고 있는 의미에 대해서 생각해 본다.

미술활동

① 상반되는 특성의 드로잉 매체를 2~3가지
   정도 준비한다.

② 각기 다른 드로잉 매체로 손의 모양을 묘사
   한다.

③ 각각의 작품을 완성 후 제목을 정하고 이야
   기를 나눈다.

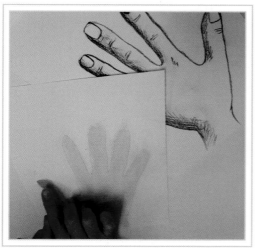

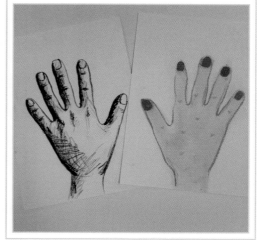

미술심리재활 적용

• 미술치료에서 손은 세상과의 교류를 의미하며, 손이란 나 자신을 표현하는 것
  이라 볼 수 있다. 각기 다른 드로잉 매체로 그린 손은 내담자에게 각각 다른 심
  상을 전해 줄 수 있기 때문에 이 손은 어떤 의미인지, 이 손으로 무엇을 하고 싶
  은지에 대한 이야기를 나누어 본다.

- 이 기법에서는 상반된 매체를 통한 심상이 중요하다. '색연필과 목탄' 또는 '연필과 파스텔'처럼 확연하게 다른 매체를 사용하는 것이 중요하다.
- 묘사에 자신이 없는 내담자에게는 손을 대고 그리게 하여 그리기에 대한 부담감을 줄여 주는 방법도 있으며, 손등이 아니어도 손바닥의 손금을 그려 보는 것도 다른 의미를 전달해 줄 수 있다.

사례

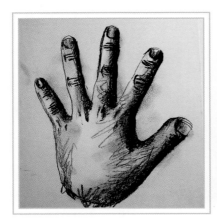 

40대 여성의 '거친 손'과 '예쁜 손'이라는 제목의 '손'과 '손' 작품이다. 먼저, 내담자는 콩테를 사용하여 손을 그리며 자신의 손이 예쁜 손은 아니었지만 아이를 키우다 보니 나 자신에게 신경 쓰지 못해서 예전보다 주름도 더 많아지고 더 못생겨진 것 같다고 하였다. 다음으로, 색연필을 선택하여 손을 그려 주었고, 손톱을 예쁘게 꾸며 주고 꽃도 그리고 싶다고 하며 정성스럽게 손을 완성하였다. 결혼 전에는 네일 숍도 다니며 자신을 꾸미는 걸 좋아하던 모습이 생각난다고 하였고, 완성된 두 작품을 보며 과거에 자신을 사랑하던 모습은 없어지고 엄마란 존재만 남은 것 같아 서글퍼진다고 하였다. 내담자는 너무 아이들에게만 시간을 할애하다 보니 정작 자신을 돌보지 못하였던 것 같고, 이제라도 아이들이 아닌 나 자신도 아껴야겠다고 하였다.

15) 자화상 본뜨기

준비물

크레파스, 볼펜, 도화지, 프린트한 사진

기대목표

- 자신의 이미지를 통해 자아정체성을 파악
  한다.
- 창의적 표현을 통해 흥미를 유발하고 성취
  감을 얻을 수 있다.

미술활동

① 원하는 사진을 프린트한 후, 사진 뒷면에 여러 가지 색의 크레파스로 자유롭게
  칠한다.

② ①의 사진이 위에 오게 하고, 크레파스로 색칠한 면과 도화지를 맞닿게 하여
  종이테이프로 고정한다.

③ 도화지 위에 이미지가 본떠질 수 있도록 볼펜으로 사진의 이미지를 자세하게
  따라 그려 준다.

④ 완성된 작품에 제목을 정하고 이야기를 나눈다.

미술심리재활 적용

- 크레파스로 자유롭게 색을 칠하는 과정에서 심리적 카타르시스를 느낄 수 있으며, 완성된 작품에서 다양한 색감의 이미지는 내담자에게 심리적 만족감을 줄수 있다.
- 완성된 작품을 보고 '어떤 모습으로 보이는지' '어떤 모습으로 보이고 싶은지' '어떤 생각을 하고 있는지' '필요한 것이 무엇인지' 등에 관한 이야기를 나눈다.
- 사진에서 보이는 이미지와 작품에서의 이미지는 다르게 표현된다. 평소에 생각하는 나의 모습과 표현된 작품에서의 나의 모습이 어떻게 다른지 이야기를 나누어 볼 수 있다.

사례

'나의 초등학교 시절 모습'을 표현한 작품이다. 작품을 표현한 내담자는 중학교 3학년 남학생으로 현재 학업과 어머니와의 잦은 다툼으로 방황을 하고 있어 중3이라는 굴레에서 벗어나고 싶다고 하였다. 내담자를 힘들게 하는 것들에 대해 이야기를 나누고 언제 행복했는지, 어떤 느낌이 드는지에 대한 이야기를 나누었다. 초등학

교 6학년 때 친구들과 축구를 하던 때가 가장 행복했
었던 것 같다고 하며 그때의 모습을 작품으로 표현하
였다. 평소에는 언제 행복한지 묻는 치료사의 질문
에 친구들과 같이 게임을 할 때가 행복하다고 하며,
과거나 현재나 자신에게 행복을 주는 존재는 친구인
것 같다고 하였다.

16) 콩테 · 목탄화

준비물

콩테, 목탄, 신문지, 소포지 또는 색 도화지(2절
크기 이상)

기대목표

콩테가 주는 매체의 특성을 통해 긴장을 이완
하고 심리적 카타르시스를 경험한다.

미술활동

① 활동하기 전 신체를 크게 움직여 몸의 긴장을 풀어 준다.

② 큰 종이 위에 팔을 크게 움직여 콩테와 목탄으로 자유롭게 그림을 그린다.

③ 여러 장의 그림을 그리고 마음에 드는 작품을 골라 제목을 정하고 이야기를 나
눈다.

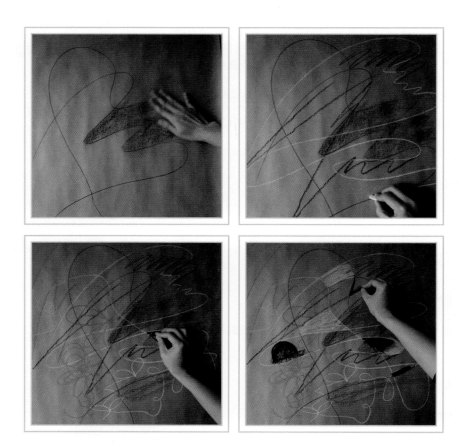

미술심리재활 적용

• 콩테와 목탄은 빠르고 역동적인 표현을 하기에 적합한 드로잉 매체이다. 신체를 크게 움직이며 빠르게 선을 그리는 동작은 억압된 감정을 표출할 수 있는 기회를 제공해 주어 신체의 리듬을 편안하게 만들어 준다. 같은 문제라도 편안한 심리적 상태에서는 이전과는 다른 시선을 가지게 되어 새로운 해결의 실마리가 떠오를 수 있다.

• 위축되어 있는 내담자일 경우 너무 큰 종이는 부담을 줄 수 있으므로 작은 종이에서 시작해서 큰 종이로 활동할 수 있도록 안내하여야 한다.

- 너무 희고 깨끗한 종이는 내담자에게 자유롭게 표현하는 것에 대한 부담을 줄 수 있으므로 소포지나 신문지를 사용하거나 치료사가 먼저 시작해 주는 것도 좋은 방법이 될 수 있다.

사례

두 작품 모두 취업으로 인해 스트레스를 많이 받고 있는 18세 여자 고등학생의 콩테·목탄화 작품이다. 내담자가 처음 활동을 시작할 때는 조심스럽게 왼쪽 작품을 그리고 털실이 엉켜 있는 것처럼 보인다고 하며 작품의 제목을 '털실'이라고 적었다. 현재 진로를 결정해야 하는데, 가정 형편을 생각하면 취업을 해야 하는지 아니면 대학에 진학해야 하는지 고민이라고 말하며 털실의 모양이 현재의 복잡한 머릿속 같다고 하였다. 내담자에게 조금 더 큰 종이를 주고 치료사와 함께 낙서하듯이 빠르게 그림을 여러 장 그렸다. 내담자는 처음에는 조심스러웠으나 그냥 아무 생각 없이 그림을 그리는 것도 재미있고, 답답했던 마음이 시원한 기분이 든다고 하였다. 내담자는 마지막으로 오른쪽 작품을 그리고 새싹을 그려 주며 '털실 속 새싹'이라고 하며 웃어 보였다.

17) 색면회화

준비물

파스텔, 다양한 크기의 도화지

기대목표

• 파스텔 매체가 갖는 특성을 통해 심리
  적 자유로움을 경험하고 자기돌봄의
  기회를 가진다.

• 색감의 표현으로 자연스러운 자기감
  정 표현을 경험한다.

미술활동

① 활동하기 전 눈을 감고 충분한 시간을 가져 현재 마음의 상태를 바라본다.

② 도화지 위에 원하는 색상으로 파스텔의 넓은 면을 사용하여 다양한 색상을 칠
   하고 문질러 준다.

③ 작품을 완성한 후 제목을 정하고 각 색상의 의미에 대해 이야기를 나눈다.

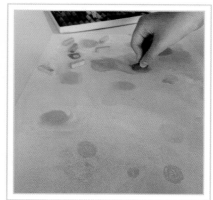

미술심리재활 적용

• 선을 사용하는 회화는 지각적 사고를 사용하게 되지만, 자유롭게 선택된 색상으로 칠하는 색면회화의 과정은 감각적인 면을 사용하게 되어 내담자의 정서와 감정을 전달하게 된다(신소영, 송현종, 2014). 이처럼 색면회화는 통제력이 강한 내담자에게 정서 반응을 촉진하기에 좋은 활동이다.

• 파스텔은 공간을 채우기 힘들어하는 내담자에게 거부감 없이 시작할 수 있는 매체이다. 원하는 색을 골라 칠하고 문지르면서 집중하게 되어 일상의 문제로부터 잠시 멀어질 수 있는 휴식의 공간을 제공해 준다.

- 작품의 제목을 정하기 어렵거나 의미 부여를 하기 힘들어할 수도 있다. 파스텔 화의 온화한 색감과 따뜻한 느낌은 그 자체로도 치유적 효과가 있으므로, 활동 자체에 의미를 두는 것도 좋다.

사례

50대 중년 여성의 '사랑받고 싶은 마음'이란 제목의 색면회화 작품이다. 내담자는 자녀들의 독립과 남편의 무관심으로 우울함을 느끼고 있다. 파스텔의 다양한 색감 을 보고 따뜻해 보인다고 하며 좋아하는 색들로 조심스럽게 칠해 주었다. 파스텔이 섞이고 퍼지는 색감에 마음이 편안해진다고 하였다. 이 작품의 여러 가지 색감은 자 녀양육을 하며 느꼈던 다양한 감정이라고 하였다. 현재는 모두 바빠 얼굴 볼 시간도 없어 외롭고 쓸쓸하다고 하며 예전에 행복했던 때로 돌아가고 싶다고 하였다. 마지 막으로 빨간색으로 하트를 크게 그려 주며 가족으로부터 사랑받고 지지받고 싶은 마음을 표현하였다.

18) 크레파스 판화

준비물

크레파스, 사포지, 도화지, 다리미

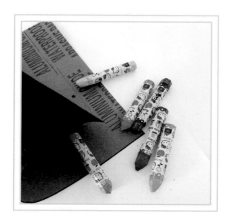

기대목표

- 크레파스 매체의 창의적 방법을 통해 흥미를 유발한다.
- 다양한 작품의 이미지로 확산된 자기표현을 경험하게 한다.

미술활동

① 크레파스를 사용하여 사포지 위에 자유롭게 그림을 그린다.

② 도화지 위에 ①의 완성된 작품을 올리고 종이테이프로 고정하여 다림질을 해준다.

③ 도화지 위에 표현된 작품의 제목을 정하고 이야기를 나눈다.

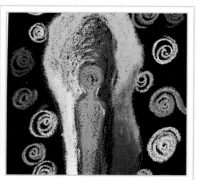

 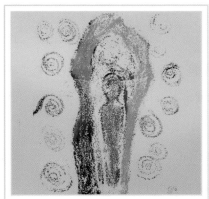

미술심리재활 적용

- 사포지의 질감에 따라 내담자에게 다른 느낌을 전달할 수 있다. 거친 사포지는 심리적 카타르시스를 느낄 수 있게 해 주며, 고운 사포지는 부드러운 느낌을 주어 안정감을 느낄 수 있다.

- 활동 자체에서 주는 만족감도 있지만, 내담자에 따라 특정 주제를 제시하여 주는 것도 좋다. 사포지 위에 표현된 이미지와 도화지 위에 찍혀서 나타난 이미지는 내담자에게 다른 심상을 전달할 수 있어 이와 관련하여 상담을 이어 나가도록 한다.

사례 1

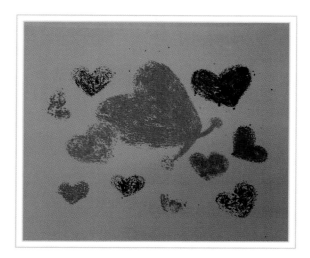

　또래관계의 어려움을 가지고 있는 9세 여자 아동의 '내 마음'이라는 제목의 크레
파스 판화 작품이다. 내담자는 사포지에 크레파스로 채색할 때 부드러운 느낌을 좋
아하였다. 친구들에게 주고 싶은 마음이라고 하며 하트 모양을 그려 주었고, 주황색
의 큰 하트는 자신의 모습이라고 하였다. 도화지에 찍혀 나온 작품을 보고 하트가 더
많아졌다고 하며 작품을 통해 자신의 애정적 욕구를 표현하였다.

사례 2

　13세 여자 아동의 '크리스마스트리'라는 제목의 크레파
스 판화 작품으로, 곧 다가올 크리스마스를 생각하며 가
족들과 시간을 함께 보내고 싶은 마음을 표현하였다.

19) 크레파스 녹이기

준비물

크레파스 또는 크레용, 캔버스, 접착제,
드라이기

기대목표

- 크레파스 매체의 새로운 활동을 통해
  창조적 에너지를 유발시키고 심미적
  만족감을 경험한다.
- 자유로운 표현으로 내적 심상에 대해 탐색한다.

미술활동

① 캔버스 상단에 원하는 색상의 크레파스를 자유롭게 붙여 준다.

② 드라이기의 뜨거운 열을 사용하여 ①의 캔버스에 붙여진 크레파스를 녹인다.

③ 바람의 방향을 조절하여 원하는 만큼 크레파스를 녹여 준다.

④ 작품을 완성한 후 제목을 정하고 이야기를 나눈다.

▶ 크레파스를 녹이는 과정에서 주변에 녹은 크레파스가 튈 수 있으므로 캔버스 주변에 신문지를 깔아
  주어야 한다.

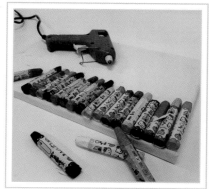

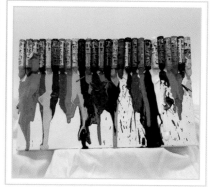

미술심리재활 적용

• 그림에 소질이 없는 내담자에게 크레파스의 선명한 색감과 추상적 형태의 작품
  은 심리적 자유로움과 심미적 만족감을 준다.

• 크레파스를 녹이는 과정이 끝난 후 추상적 형태 속 자신의 심상을 표현하여 내
  면의 무의식을 탐색하는 과정으로 상담을 이어 나갈 수 있다.

• 새 크레파스 말고 사용하다 남은 크레파스로 활동하면, 재사용된 크레파스는
  필요 없어진 물건에서 새로운 쓰임의 의미가 전달될 수 있다. 위축되어 있거나
  삶의 에너지가 부족한 내담자에게는 은유적으로 생산적인 삶의 의미를 확장시
  켜 줄 수 있는 활동이다.

사례

15세 남자 중학생의 크레파스 녹이기 작품으로, 유아기 때부터 가정폭력 노출 경험으로 인해 위축되어 있는 내담자이다. 내담자는 매체 선택 시 통제 가능한 매체와 정확한 형태가 있는 그림을 선호하였다. 치료사와의 신뢰형성이 충분히 이루어진 후, 원하는 매체로 크레파스를 사용해 보고 싶다고 하여 크레파스 녹이기 활동을 함께해 보았다. 내담자는 크레파스가 녹아내리는 형태를 보며 파도가 치는 것 같다고 하였고, 약한 바람으로 시작하였다가 강한 바람으로 크레파스가 다 녹아내릴 때까지 집중하여 작품을 완성하였다.

내담자는 완성된 작품을 오랜 시간 동안 바라보았으며, 처음에는 어떤 형태가 나올지 몰라 걱정되었는데 작품을 보니 자유로워 보이고, 유명 화가의 작품 같다고 하였다. 작품의 제목은 '자유'로, 내담자는 작품의 제목처럼 불안한 마음에서 벗어나 오늘처럼 즐거운 감정을 많이 느끼고 싶다고 하였다. 내담자는 크레파스 녹이기 활동을 통해 심신이 이완되는 경험을 하였으며, 이로 인해 자신의 마음을 표현하였다.

20) 협동화

준비물

크레파스, 사포지, 종이테이프

기대목표

협동화 활동을 통해 긍정적인 상호작용을 유
도하고 사회성을 증진한다.

미술활동

① 사포지를 이어 붙이고, 그 위에 밝은색 크
   레파스로 밑그림을 그린다.
② 밑그림이 그려진 조각들을 집단 구성원에게 무작위로 나누어 주고 자유롭게
   색칠한다.
③ 채색이 된 밑그림을 모아 이어 붙인다.
④ 작품의 제목을 정하고 소감을 나눈다.

미술심리재활 적용

- 치료사가 밑그림을 미리 준비하면 집단 구성원이 주제를 예상하지 못하여 호기
  심을 줄 수 있고, 조각을 이어 나갈 때 완성작에 대한 기대감을 심어 줄 수 있어
  서 흥미로운 활동이 될 수 있다. 때로는 집단의 역동적인 상호작용을 위해 집단
  구성원의 상의를 통해 주제를 정하여 밑그림을 그리거나, 일부분의 큰 틀을 그
  려 준 채 나머지 부분을 각자의 생각과 느낌대로 표현하는 방법도 있다.

- 집단 구성원에 따라 다양한 표현 방법이 나타난다. 치료사는 작품에 어떠한 표
  현이 나타나더라도 긍정적 수용의 경험을 할 수 있도록 안내하여야 한다. 각자
  의 개성적 표현이 함께 어울려졌을 때 아름다운 결과가 나타난다는 의미는 사

회 구성원으로서 각각의 존재감을 인정받는 경험이 되어 줄 수 있다.

- 협동화 활동 시 치료사는 소외되는 집단 구성원이 생기지 않도록 하고 소극적
인 내담자에게는 더 많은 신경을 써 주어 모두 함께 활동에 참여할 수 있도록
도와야 한다.

사례

중학교 1학년 학생들의 협동화
작품으로 '고래가족'이다. 집단 구
성원에게 밑그림에 대한 설명 없
이 자유롭게 색칠하도록 하였다.
조용히 자신의 작품에 색을 칠하
는 구성원도 있었고, 몇몇은 서로
작품을 보면서 어떤 그림인지 유
추하며 자연스러운 상호작용을 하
였다. 채색한 후 조각들을 맞출 때

서로 상의하며 조각을 이어 가는 모습이 관찰되었다. 하나의 작품으로 완성되었을
때 대다수의 집단 구성원이 만족감을 나타내었다.

제2장

페인팅 매체

1. 페인팅 매체의 특성

페인팅(Painting) 매체는 평면매체 중 습기가 있는 매체로서 수채화물감, 아크릴물감, 유화물감, 포스터컬러, 구아슈, 마블링물감 등으로 드로잉 및 채색을 할 수 있는 매체이다. 페인팅 매체는 습기가 많아 퇴행을 촉진시켜 무의식에 대한 탐색에 적합한 매체이다. 또한 자유로운 표현 방식을 통해 긴장감이 완화됨으로써 자기표현에 도움이 되고, 창의적 표현 방식을 통해 작품에 대해 성취감을 느끼게 한다.

1) 수채화물감

수채화물감은 물로 색의 농도와 밝기를 조절할 수 있고 겹치기, 번지기, 뿌리기 등 다양한 기법을 구사할 수 있는 물감이다(김경식, 2011). 투명성을 지녀 산뜻하고 경쾌한 느낌이 나며, 함께 사용하는 도구에 따라 표현을 달리할 수 있다. 팔레트, 붓, 종이 등의 기본적인

도구부터 마스킹액, 미디엄, 스펀지, 스프레이, 칼, 칫솔, 롤러 등 다양한 도구를 통해 여러 가지 표현이 가능하다. 수채화 이외의 다양한 도구와 재료의 사용은 내담자의 정서성, 창의성, 조형성을 높일 수 있다(이수진, 김동연, 2006).

통제성이 낮은 이완 매체인 수채화물감은 심하게 억압되어 있는 내담자에게 자유로움과 활기를 불어넣어 줄 수도 있다. 그러나 농도 조절이 어려워 경직된 내담자에게는 의도하지 않은 효과에 좌절을 경험할 수도 있다.

> ▶ 수채화물감을 사용할 때 질이 안 좋은 종이를 사용하면 발색력도 낮아지고 종이 표면이 일어나며, 수채화 특유의 겹치기와 번지기의 효과성이 낮아진다. 수채화지를 사용하는 것이 가장 좋으며 일반 도화지의 경우 200g 이상의 제품을 사용하는 것이 적당하다.

2) 포스터컬러

포스터컬러는 포스터 도안 등의 제작용으로 만들어진 불투명한 수채화물감이다. 농도를 조절하는 점에서는 수채화물감과 같지만 불투명하게 채색되고 윤기가 없어 무광에 가깝다. 효과 면에서는 구아슈와 비슷하나 구아슈보다 보편화되어 있는 재료이다. 묽지 않은 상태로 채색하고 평붓으로 채색해야 물 얼룩을 방지할 수 있다.

마른 후 어느 정도의 덧칠은 가능하나 덧칠 시 하단의 물감이 물에 녹아 덧칠한 색과 혼합되는 상황이 발생하게 된다.

> ▶ 포스터컬러는 쉽게 굳는 경향이 있는데, 포스터컬러 전용 유액을 보관 전 한두 방울 넣어 놓으면 굳

지 않게 사용할 수 있다. 굳은 포스터물감은 식염수를 적당량 부어 주면 재사용이 가능하다.

3) 구아슈

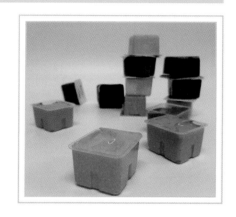

구아슈(gouache)는 수용성 아라비아고무액을 섞은 불투명한 수채화물감이다. 포스터컬러와 마찬가지로 무광에 가깝고, 가라앉은 부드러운 효과를 내며, 중후한 느낌이 든다. 투명 수채화물감과 포스터컬러의 두 가지의 효과를 낼 수 있다. 마르면 색채가 밝아지므로 원하는 색보다 조금 더 짙은 색으로 채색해야 하며, 팔레트에서 혼색할 때 빨리 굳고, 광택이 적어 마를 때 균열이 생길 수 있으므로 주의해야 한다. 그리고 구아슈는 종이뿐만 아니라 광택이 없는 다양한 재료에도 사용할 수 있다는 장점이 있다.

4) 아크릴물감

아크릴물감은 수용성으로 유화물감에 비교해 사용이 간편하고 건조 속도가 매우 빠른 물감이다. 물로 농도를 조절하여 수채화적 표현이 가능하고, 내수성으로 인해 덧칠이 가능하여 유화처럼 표면의 질감을 두껍게 올릴 수 있는 표현도 가능하다. 또한 건조 후 아주 단단한 필름 상태로 화면에 고착되어 광택감이 생기며, 건조 상태에서 여러 번 겹쳐 칠해도 하단의 색이 번지지 않는다(김경식, 2011).

아크릴 수지 피막이 안료를 보호하고 접착력이 좋아서 종이, 천, 나무판, 외부의 벽면 등 어디든 쉽게 칠할 수 있고 오랫동안 보존이 가능하다. 독성이나 중독성은 없고 수용성으로 인해 간편하게 사용할 수 있으나, 한번 마르고 나면 세척이 불가능하므로 주의하여야 한다.

▶ 아크릴물감과 보조제를 사용하면 다양한 효과를 낼 수 있다.
　- 바니시: 완성 후 표면의 보호를 위해 사용하는 마감재로 유광과 무광이 있다.
　- 젤 미디엄: 혼합 시 부피를 증가시켜 두꺼운 질감 표현에 좋다.
　- 모델링 페이스트: 젤 미디엄보다 두텁고 단단한 표현의 효과를 낼 수 있다.
　- 글로스 미디엄: 액상 형태로 유광과 무광의 효과와 물감의 투명도를 높여 준다.

5) 유화물감

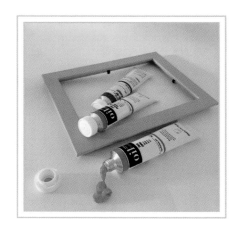

유화물감은 기름 성질을 가진 물감으로 물에 용해되지 않고 테라핀유나 린시드유를 사용하여 농도 조절을 한다. 깊이 있는 색감을 가지고 있고, 광택, 반광택, 무광택의 다양한 효과가 나며, 붓놀림이나 사용하는 도구에 따라 다양한 재질감을 표현할 수 있다. 여러 번의 덧칠이 가능하고 세밀하게 표현이 가능한 유화 작품은 오랜 시간 자기성찰이 필요한 내담자에게는 깊은 자기탐색의 기회를 줄 수 있다. 그러나 사용법이 까다롭고 재료가 비싸며 건조시간이 길다. 또한 좁은 공간에서 사용 시 휘발성 재료의 유해성 문제가 있으므로 유아나 건강상의 문제가 있는 내담자에게는 사용에 제한을 두어야 한다.

6) 오일스틱

오일스틱은 유화물감을 스틱 형태로 만들어 놓은 것으로 크레파스보다 조금 더 무르고 질감이 두터운 재료이다. 테라핀유나 페트롤에 희석시켜 사용이 가능하며, 유화물감과 함께 사용할 수 있다. 재사용 시 피막이 형성되어 피막을 제거하거나 테라핀유에 살짝 녹여 사용할 수 있다. 일반 유화물감과 같이 작품의 두께에 따라 2~5일 후 건조되며, 완전 건조는 6개월 정도 소요된다.

7) 섬유물감

섬유물감은 섬유 제품에 염색을 할 수 있는 물감으로 천연염료와 사용이 간편한 염색용 물감까지 다양하다. 여러 가지 염색법이 있지만 가장 흔하게 사용하는 기법은 천연염료를 사용하는 홀치기염이다. 홀치기염은 실로 묶어 무늬를 나타내는 방법으로 묶는 방법에 따라 다양한 무늬가 나타난다. 시중에는 섬유에 편하게 사용할 수 있는 섬유염색 크레파스와 패브릭 마카가 있으며, 튜브형 염색물감도 있다.

8) 핑거페인팅물감

핑거페인팅은 저항의 감소 또는 이완
의 효과와 작업의 촉진, 스트레스와 욕구
불만의 해소에 도움을 주는 기법으로, 보
편적인 방법으로 수채화물감에 풀을 섞
어 사용한다. 시중에는 유아동이 안전하
게 사용할 수 있고, 손에 묻어도 잘 지워
지는 핑거페인팅 전용 물감도 있다.

미술치료 현장에서는 대부분 물감과 도
배용 밀가루 풀이나 면도크림을 섞어 사용하는데, 알레르기가 있거나 화학성분에 예민
한 아동일 경우에는 천연재료인 전분이나 직접 만든 밀가루 풀을 사용하는 것이 좋다.

9) 마블링물감

마블링물감은 물과 기름이 서로 섞이지 않는 성질을 이용한 것으로, 물감이 물에

흐르는 우연의 효과를 낼 수 있는 재료이
다. 종이에 무늬를 찍을 때마다 매번 무
늬가 달라져 우연성에 의한 상상력을 촉
진하고 즉흥적인 효과를 기대할 수 있다.
시판되는 마블링물감 중 제품에 따라 유
독 강한 휘발성 냄새가 나는 경우가 있어
내담자에게 거부감을 주거나 안전상에
문제가 될 수 있으므로 주의하여 선택해
야 한다.

10) 페이스 페인팅물감

페이스 페인팅물감은 피부에 그림을 그릴 수 있는 것으로, 크게 유성 제품과 수성 제품이 있다. 유성 제품은 발색력이 좋아 선명하게 표현되고 땀이나 물에 잘 지워지지 않는 대신 무거운 느낌이 들고 유분기로 인하여 색상들이 서로 번질 수 있으며 클렌징을 할 때 어려움이 있다. 수성 제품은 물에 잘 섞이며 디테일한 색상 표현이 가능하고 클렌징이 쉬운 반면, 땀이나 물에 쉽게 지

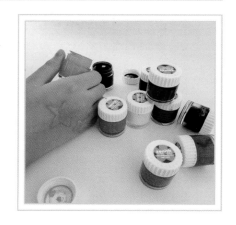

워질 수 있다. 페이스 페인팅은 정서 조절 효과와 더불어 정서를 인식하고 활용하며 표현할 수 있는 비언어적 의사소통 수단이며, 개인의 개성을 중요하게 평가함으로써 긍정적 자아개념을 형성할 수 있다(양지웅, 2015).

11) 유아용 물감(거품물감, 스프레이물감)

물감 작업은 이완을 촉진시키고 심신을 안정시키며 아동에게는 흥미를 주는 매체이지만, 피부에 직접 닿을 수 있어서 안정성을 고려하여 사용하는 것이 좋다. 안전하게 사용할 수 있고 물에도 쉽게 지워지는 무독성 물감이 시중에 많이 나와 있으나 아동이 많이 사용하는 재료이니만큼 작업 전 팔이나 다리에 살짝 묻혀 놓고 피부 테스트 시간을 가진 후 사용하는 것이 가장 안전하다.

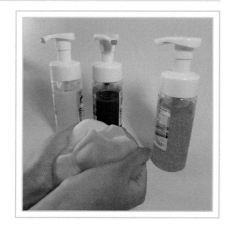

거품물감은 펌프형으로 거품이 솜사탕처럼 풍부하고 생크림의 질감을 가지고 있

으며 오랜 시간 지속되는 효과가 있다. 스프레이물감은 분무형 통에 물감이 담겨 있는 형태로 직접 분사하여 사용하는 물감이다. 일반 물감과 다르게 점성이 좋아 뿌려도 잘 흘러내리지 않고 발색력이 좋으며, 어두운 곳에서 블랙라이트를 사용하면 야광 그림의 효과를 낼 수 있다.

2. 페인팅 매체를 활용한 기법 연구 및 실습

1) 물감 난화

준비물

수채화물감, OHP 필름 또는 투명 아스테이지, 도화지, 네임펜

기대목표

• 물감의 색채와 촉감적 행위를 통해 이완과 몰입을 경험한다.
• 물감 매체를 활용하여 억압된 감정을 자유롭게 표현한다.

미술활동

① 도화지 위에 원하는 색상의 물감을 짠다.
② 물감 위에 OHP 필름이나 투명 아스테이지를 덮어 주고 손가락으로 문질러 준다.

③ 눌러진 물감의 형태를 보고 떠오르는 이미지를 네임펜으로 구체화시켜 그려
　준다.

④ 찾은 이미지에 대해 이야기를 나눈다.

미술심리재활 적용

• 물감은 통제력이 낮은 재료 중 하나로서 내담자의 감정을 촉진시키기에 적합한
　매체이므로, 물감에서 주는 색감과 눌러진 형태에서 나오는 모양의 상징적인
　뜻에 대해 생각해 보게 한다.

• 물감을 눌러 보는 행위에서 오는 몰입의 경험은 그 자체로도 치료적 효과가 있

으며, 문지르는 촉감적 행위는 모성적 돌봄의 경험을 줄 수 있어 그와 유사한 경험에 관련하여 내담자의 이야기를 이끌어 낼 수도 있다.

사례

과중한 업무로 스트레스를 받고 있는 40대 남성 직장인의 물감 난화 작품이다. 내담자는 작품을 하는 동안 콧노래를 부르며 즐거워하였다. 평소 신경 쓰는 일이 많아 머리가 아팠는데, 물감이 섞이며 퍼지는 모양이 재미있어 집중할 수 있다고 하며 좋아하였다.

내담자가 찾은 이미지는 '외계인'이였고, '힙합 하는 양'을 찾아 덧그려 주었다. 자신은 원래 음악 듣기를 좋아하는데 현재는 너무 바빠 여유가 없다면서 자신에게는 여유가 필요한 것 같다고 하였고, 이에 치료사는 내담자와 함께 어떻게 여유를 찾으면서 생활해야 할 것인지에 대해서 이야기를 나누었다.

2) 거품놀이

준비물

수채화물감, 주방 세제, 물, 종이컵이나 플라스틱 컵, 빨대, 도화지, 신문지나 비닐

기대목표

거품놀이 활동을 통해 흥미를 유발하고 신뢰형성을 돕는다.

미술활동

① 바닥에 신문지 또는 비닐을 깔아 준다.

② 종이컵에 물과 주방 세제, 물감을 넣고 섞는다.

③ 빨대를 넣고 입으로 불어 거품놀이를 한다.

④ 종이컵 위에 올라온 거품을 도화지로 찍어 낸다.

⑤ 여러 장 반복한 후 이야기를 나눈다.

미술심리재활 적용

- 거품놀이 활동 후, 도화지에 찍혀 나온 자국으로 연상 작업을 할 수 있다. 거품 연상 작업은 내담자의 무의식적 자기표현을 할 수 있게 하며, 창의적 방법의 작품 활동은 내담자에게 성취감을 줄 수 있다.
- 빨대를 불며 하는 활동으로, 아동이 들이마시는 경우도 있을 수 있어 활동 전 주의사항을 필히 알려 주어야 한다. 또한 거품을 만들기 전에 빨대로 공중에 대고 불어보는 연습 과정이 먼저 필요하며, 짧은 빨대는 거품이 터지면서 얼굴에 튈 수 있으므로 긴 빨대를 준비해 주는 것이 필요하다.

사례 1

8세 여자 아동의 '바닷속 결혼식'이라는 제목의 거품놀이 연상화 작품이다. 내담자는 거품놀이 활동을 조심스럽게 시작하였고, 손으로 만져 보기도 하며 오랜 시간 동안 탐색 활동을 하였다. 내담자는 연한 색상의 물감을 이용하여 거품놀이를 하여 도화지에 찍고, 다른 색을 섞어 찍어 보거나 여러 장의 거품 자국을 찍어 내며 즐겁게 활동하였다. 다음 회기에 이어서 연상화 작품을 완성하였다. 거품이 찍혀 나온 여러 장의 작품 중 마음에 드는 모양을 잘라 물고기와 하늘의 구름을 표현하였고 사인펜으로 나머지 부분을 이어 완성하였다.

왕자가 인어공주의 사랑을 알게 되어 바닷속으로 찾아와 인어공주는 거품이 되지 않고 바닷속에서 둘이 결혼식을 하고 있다고 작품을 설명하였다. 내담자는 남아 있는 거품 자국이 찍힌 모양들을 집으로 가져가서 보관하고 싶다고 하였고, 완성된 작품을 보며 큰 만족감을 나타내었다.

사례 2

초등학교 저학년 학생들의 거품놀이 연상화 작품으로, 상단은 '천사마을'과 하단은 '악마마을'을 표현하였다. 큰 비닐판 위에 4명이 모여 함께 거품놀이 활동을 하였다. 종이컵을 서로 바꿔 거품을 찍어 보기도 하고, 종이컵의 색을 서로 섞어 찍어 보기도 하며 즐겁게 활동하였다. 거품놀이 활동이 끝난 후 큰 도화지에 연상화 작품을 하였는데, 서로 표현하고 싶은 주제가 달라 의견 충돌이 생기기도 하였으나 상의를 통하여 2명씩 짝을 지어 화면의 중앙에 선을 긋고 '천사마을'과 '악마마을'을 표현하여 주었다. 완성된 작품을 보고, 양쪽이 다르게 표현된 것이 멋있고 재미있었다고 하며 모두 즐거워하였다.

3) 실 난화

준비물

포스터컬러, 붓, 팔레트, 도화지, 털실, 네임펜

기대목표

- 집중력을 향상하고 창의성을 증진한다.
- 실 난화의 형태를 통해 내면의 무의식적 욕구를 표현하고 이해한다.

미술활동

① 넓은 용기나 팔레트 위에 여러 가지 색의 물감을 풀어 둔다.
② 도화지를 반으로 접었다 펼친다.

③ 실에 물감을 묻히고 도화지 위에 여러 형태로 자유롭게 놓는다. 이때 실의 끝
부분은 도화지 밖으로 조금 나올 수 있도록 해야 한다.

④ 도화지를 반으로 다시 접고, 손으로 도화지 위를 누르고 실을 잡아당긴다.

⑤ 도화지를 펼치고 나온 이미지에 제목을 붙이고 이야기를 나눈다.

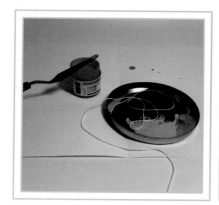
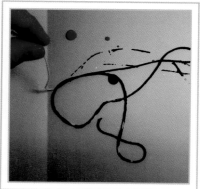
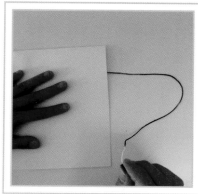

미술심리재활 적용

• 난화적 표현은 무의식의 자발적 표출을 돕는다. 난화 작품의 이야기를 만들고
나누는 과정을 통해 내담자의 무의식을 탐색해 볼 수 있다.

• 의미 있는 이야기가 나오지 않더라도 여러 가지 색과 모양은 내담자에게 다양

한 경험을 제공해 줄 수 있다. 또한 경직되어 있는 내담자에게 난화적 표현의
경험은 유연하고 확장된 사고를 할 수 있는 기회가 된다.

• 집단에서는 실 난화의 이미지를 오려서 전지에 붙여 완성하는 활동으로 집단
구성원 간의 상호작용을 촉진할 수 있다.

사례 1

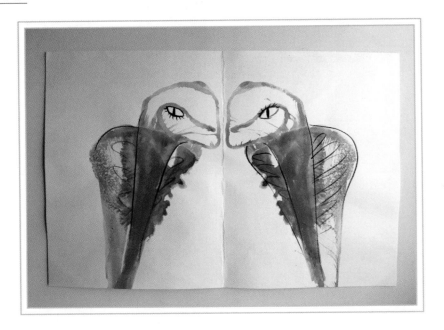

부모님과의 갈등을 겪고 있는 30대 후반 여성의 실 난화 작품이다. 작품의 제목은
'고대 이집트의 코브라 두 마리'이다. 내담자는 두 마리의 코브라를 보니 자신의 이중
적인 모습을 보는 것 같다고 하였다. 사람들 앞에서는 웃고 있지만, 거짓으로 포장된
자신의 모습이라고 하며 두 마리의 코브라가 서로 노려보고 있는 것 같다고 하였다.
내담자는 실 난화 작품을 통해 자신 안의 내적 갈등에 대해 표현하였다.

사례 2

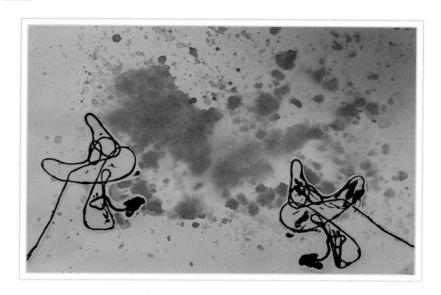

　9세 여자 아동의 '여우가족'이라는 제목의 실 난화 작품이다. 내담자는 실 난화 활동을 하며 재미있어하였다. 여러 장의 실 난화를 하고 마음에 드는 이미지를 골라 이 작품을 완성하였다. 엄마 여우와 아기 여우가 함께 맛있는 저녁을 먹고 있는 행복한 모습이라고 하였다. 내담자는 현재 부모님의 이혼으로 아버지와 살고 있으며, 어머니는 자주 만나지 못한다고 하여 실 난화 작품을 통해 어머니로부터 사랑과 애정을 받고 싶은 마음을 표현하였다.

4) 물감 번지기

준비물

수채화물감, 작은 사이즈의 도화지, 면
봉 또는 붓, 팔레트, 물통

기대목표

우연의 효과를 통해 심리적 이완을 경
험하고 무의식적 자기표현을 촉진한다.

미술활동

① 마스킹테이프로 도화지를 고정한다.

② 도화지에 큰 붓으로 깨끗한 물을 적셔 전체적으로 칠한다.

③ 도화지에 물이 마르기 전 붓에 물감을 묻혀 원하는 색상으로 자유롭게 칠한다.

④ 여러 장을 반복하여 진행한다.

⑤ 완성된 작품 중 마음에 드는 작품을 선택하여 제목을 정하고 이야기를 나눈다.

▶ 얇은 도화지는 활동 중 찢어져 내담자에게 좌절감을 줄 수 있으므로 치료사는 재료에 대해서도 신경
을 써야 한다.

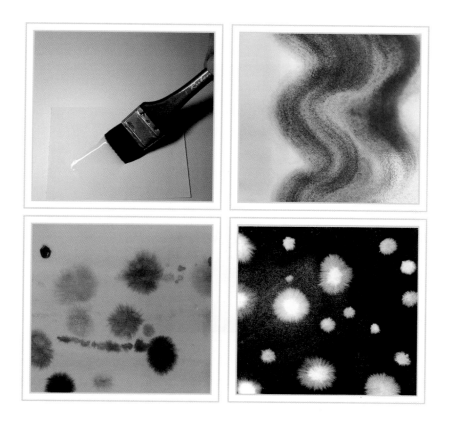

미술심리재활 적용

• 감정 표현이 어려운 내담자에게 물감 번지기 과정은 정서적 반응을 이끌어 내
기에 도움이 된다. 이끌어 낸 감정에 대해 다양한 이야기를 나눈다.

• 심리적으로 억압되어 있는 내담자에게는 큰 도화지에 큰 붓을 사용하여 신체를
크게 움직여 심리적 에너지를 방출할 수 있도록 도울 수 있다.

• 우울감이 있는 내담자의 경우 물감의 번짐은 감정이 한꺼번에 쏟아져 나올 수
있어 내담자의 심리적 상태를 고려하여 진행해야 한다.

사례

15세 여자 중학생의 물감 번지기 작품으로 제목은 '마음속의 말'이다. 내담자는 여러 장의 활동을 하며 물감이 번지는 형태를 보면서 흥미로워하였다. 여러 장의 활동 작품 중 마음에 드는 부분을 작게 잘라 작품을 완성하였다. 외동딸인 본인은 늘 부모님에게 고마운 마음은 많지만, 말과 행동은 전혀 다르게 표현된다고 하였다. 그래서 미안한 마음이 마음속에 남아 있었는데 부모님께 작품을 드리며 자신의 속마음을 직접 말로도 해 봐야겠다는 생각을 하게 되었다고 하였다.

5) 페인팅 연상화

준비물

구아슈 또는 포스터컬러, 붓, 물통, 도화지, 고무판, 칼

기대목표

• 색채 반응을 통해 자기이해와 공감의 경험을 한다.

• 평면에서 입체 공간으로의 확장을 통해 생각과 감정을 시각화하고 구체화한다.

미술활동

① 물감의 색상을 보고 눈을 감고 머릿속에 떠오르는 이미지를 생각한다.

② 도화지 위에 떠올린 이미지를 연필로 그리고 채색한 후, 고무판 위에 올려놓고 하단 부분을 빼고 나머지 부분을 칼로 오려 준다.

③ 오려 낸 이미지의 하단 부분을 접어 입체적으로 세워 주고 도화지에 붙인 후 배경을 완성한다.

④ 작품의 제목을 붙이고 이야기를 나눈다.

미술심리재활 적용

- 사람은 색채를 경험하게 되면 정서적 반동이 형성되어 다양한 정서와 이미지가 나타나고, 내면의 심리상태를 외현화하여 진정한 자아의 모습과 정서상태를 표현하게 됨으로써 자신에 대한 이해와 공감을 할 수 있다(안선희, 김향숙, 2016).
- 색채는 각각의 색이 빛의 파장을 가지고 있어서 다양한 색을 써 보는 것 자체가 심리적 치유 효과가 있다. 일반적으로 사람들은 익숙한 색상만을 사용하는데, 물감의 색상을 내담자가 익숙한 색상과 익숙하지 않은 색상으로 나누어 보고 다양한 색을 사용할 수 있도록 한다. 이러한 과정은 내담자의 고정화되어 있던 생각을 전환시켜 주는 은유적 과정이 될 수 있다.

• 평면화된 작품에서 입체적으로 변형시킨 작품의 창의적 방법은 내담자에게 성
 취감을 줄 수 있으며, 자신의 심상을 각기 다른 면에서 탐색할 수 있다. 작품을
 완성한 후 평면적일 때와 입체적일 때의 느낌에 대해 이야기를 나누어 본다.

사례

50대 중년 여성의 페인팅 연상화 작품이다. 내담자는 물감을 선택하면서 초록색
의 초원을 표현하고 싶다고 하였다. 어린 시절 산에 갔을 때 주변은 모두 초록색의
숲이었고 나무와 나비, 꽃이 만발했었던 그때가 생각이 난다고 하였다. 왼쪽의 작품
을 완성하고 난 후, 작품을 감상하던 중 무지개가 있는 숲도 있으면 좋을 것 같다고
하면서 도화지에 거침없이 그림을 그리고 채색하였다. 큰 붓을 사용하여 색칠을 하
니 마음도 편안하고 시원한 느낌이 든다고 하였다. 나비는 어머니와 내담자라고 하
였으며, 돌아가신 어머니에 대한 그리움과 사랑을 이야기하였다. 내담자는 자신을
나비로 투사하고 있고 자신의 감정과 생각을 구체적으로 표현하였다.

6) 데콜라주

준비물

아크릴물감, 평붓, 물통, 마스킹테이프,
도화지, 팔레트

기대목표

- 상처받은 감정 표현을 통해 자신의
  고통에 대한 감정을 해소한다.
- 창의적 표현 경험을 통해 마음의 안
  정감을 찾는다.

미술활동

① 상처받았던 대상이나 상황을 떠올리게 한다.

② 도화지에 상처받은 마음을 자유롭게 표현해 본다.

③ 마스킹테이프를 사용하여 원하는 형태로 붙인다.

④ ③의 과정 위에 원하는 색상의 아크릴물감으로 채색한다.

⑤ 물감이 마르고 난 후 마스킹테이프를 떼어 준다.

⑥ 완성된 작품의 제목을 정하고 이야기를 나눈다.

미술심리재활 적용

- 마음의 상처가 심한 내담자의 경우 자신의 감정을 들여다보는 것을 힘들어하거나 어려워할 수 있다. 이러한 경우에 치료사는 기다려 주고 내담자가 편안하게 자신의 내면을 들여다볼 수 있도록 도와야 한다.
- 상처를 형태나 글로 표현해 보며, 구체적인 심상의 표현이 어려운 경우 난화 형태를 사용하거나 색으로만 표현하여도 괜찮다.
- 치료사는 마스킹테이프를 붙이는 의미에 대해 설명해 주어야 한다. 활동 과정에서 마스킹테이프는 의료용 밴드를 뜻하며, 몸에 상처가 생기면 밴드를 붙이

듯 마음에 상처가 생겼을 때에도 보호해 주어야 한다는 의미를 전달한다.

• 아크릴물감은 부드럽게 칠해지는 특성을 가지고 있다. 내담자가 표현한 상처에 아크릴물감으로 채색하는 과정은 상처에 연고를 바르는 의미를 부여해 줄 수 있다. 치료사는 내담자에게 마음의 안정을 줄 수 있는 색채를 사용하도록 안내한다.

사례

50대 중년 여성의 데콜라주 작품으로 제목은 '들꽃'이다. 내담자는 결혼 초부터 힘들었던 고부간의 갈등에 관하여 이야기하였다. 그때의 시절을 생각하면 어두운 밤처럼 아무것도 보이지 않는 듯 느껴진다고 하면서 어두운색을 선택하여 캔버스를 칠해 주었다. 어떨 때 위로를 받고 행복해지는지 묻는 치료사의 질문에 자신은 어렸을 때부터 들판에 있는 고운 꽃만 보아도 기분이 좋아진다고 하며 마스킹테이프로 들판의 꽃을 표현하였다. 작품을 완성한 후 두 송이 꽃을 보며 자신의 두 딸 같다고 하였다. 그때는 힘들었지만 그래도 그 순간을 잘 버텼기 때문에 예쁘게 성장한 딸들과 함께 지낼 수 있는 것 같다고 하였다. 처음에 어두운색을 칠하고 난 후 보니 더 답답하고 기분이 안 좋았는데, 예쁘게 완성된 작품을 보니 기분이 좋다고 하며 자신의 인생 같다고 하였다.

7) 유화를 사용한 나이프 기법

준비물

유화물감, 미술용 나이프, 캔버스, 팔레트

기대목표

물감 기법을 통해 흥미와 동기를 불러일으키고, 심리적 표출을 촉진한다.

미술활동

① 팔레트 위에 마음에 드는 물감을 듬뿍 짜 놓는다.

② 팔레트 위에 물감을 나이프로 뜨듯이 퍼서 캔버스에 자유롭게 발라 준다.

③ 작품을 다양한 각도로 돌려 보고 감상한다.

④ 작품의 제목을 정하고 이야기를 나눈다.

미술심리재활 적용

- 추상 표현과 같은 비사실적 표현은 미술 표현에 대해 자신감을 상실하거나 사실적 표현이 어려운 대상자에게 표현에 대한 거부적인 태도를 줄일 수 있으며 (신소영, 송현종, 2014), 비정형화된 표현 방식은 내담자에게 심리적 해방감을 느낄 수 있도록 도와준다.

- 유화물감의 발림성에서 오는 부드러운 느낌은 심리적 안정감을 주며, 붓으로 채색하는 방법과 다르게 미술용 나이프를 사용하는 방법은 내담자에게 색다른 경험을 제공하여 삶을 대하는 자세를 창의적으로 변화시켜 줄 수 있다.

• 캔버스 위에 큰 동작으로 표현하는 행위는 신체적 에너지를 발산하여 스트레스
  를 해소할 수 있다.

사례

13세 여자 아동이 유화를 사용한 나이프 기법으로 '여러 가지 감정'을 표현한 작품
이다. 새로운 방법으로 채색하는 것에 흥미로워하였고, 캔버스에 물감이 발라지는
느낌이 부드럽다며 활동에 깊이 몰입하였다.

내담자는 평소에 게임을 많이 하는 문제로 부모님에게 자주 꾸중을 들어 힘들다고
하였다. 게임을 줄이고 싶지만, 일상이 지루하여 또다시 게임을 하게 된다고 하였다.
그래서 새롭고 즐거운 여러 가지 감정을 느끼고 싶어 무지개색으로 캔버스를 채웠다
고 하였다. 치료사는 내담자와 함께 평소에 즐거운 감정을 언제 느끼는지 이야기를
나누었으며, 어떻게 하면 더 즐겁고 행복한 감정이 드는 활동을 할 수 있는지 찾아보
았다.

8) 마음의 묘약

준비물

수채화물감, 펄물감, 반짝이 가
루, 수채화지, 붓, 물통, 팔레트

기대목표

우연의 효과에 의한 흥미를 유발
시키고 심리적 안정감을 가지게 한
다.

미술활동

① 자신에게 위안이 되는 심상을 떠올리는 시간을 가진다.

② 큰 붓을 이용하여 도화지 위에 물을 칠한다.

③ 젖은 도화지 위에 붓으로 자유롭게 원하는 색의 물감을 칠하거나 떨어트린다.

④ 펄물감이나 반짝이 가루를 뿌려 준다.

⑤ 여러 장을 반복한 후 마음에 드는 작품을 선택하여 제목을 정하고 이야기를 나
   눈다.

> ▶ 물감 번지기를 할 때 스포이트를 사용하면 더 효과적이며, 소금, 알코올, 파스텔 가루 등 다양한 재
> 료를 사용하여도 좋다. 도화지가 얇은 경우 흡수력이 빨라 번지는 효과가 반감되며 물감의 색상이
> 탁해질 수 있어 수채화 전용 용지나 200g 이상의 켄트지를 사용해야 한다.

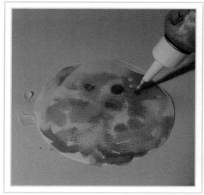

미술심리재활 적용

• 위안이 되는 심상을 떠올리는 시간을 가질 때에는 눈을 감고 충분히 생각할 시간을 주어야 하며, 음악을 들려주거나 아로마 향을 사용하여 내담자가 자신의 심상에 몰입할 수 있는 환경을 만들어 주는 것이 좋다.

• 색을 섞는 과정은 무의식적 자아를 찾는 것으로, 색이 섞이는 과정 자체에 집중할 수 있도록 해 준다.

• 활동이 끝난 후 '마음의 묘약'처럼 위안이 되는 내적·외적인 것들이 무엇인지 생각해 볼 수 있게 하며, 현실에서 심리적으로 힘들 때마다 작품의 심상을 떠올

릴 수 있도록 도와준다.

- 우울감이 있는 내담자의 경우 물감의 번짐은 우울한 감정이 한꺼번에 올라와서 위협적일 수 있으므로 치료사와의 충분한 신뢰형성 이후 사용해야 한다. 또한 너무 많은 색상이 섞이면 어둡고 탁한 색이 나와 내담자에게 부정적 상을 형성 할 수 있으므로 주의하여야 한다.

사례

40대 주부의 '빨간약'이라는 제목의 마음의 묘약 작품이다. 내담자는 하얀색 도화지에 좋아하는 색상 의 물감으로 번지기를 하고 반짝이 가루와 색 모래 를 뿌려 꾸며 주었다. 어린 시절에 자신이 다칠 때마 다 어머니가 발라 주던 빨간약이 생각난다고 하며 이 작품을 완성하였다.

내담자는 친정어머니의 반대에도 불구하고 친정 어머니와의 갈등에서 도피하듯 결혼을 하였고, 신혼 초에는 남편과의 미래가 행복하리라 생각했는데 지 금은 힘들고 지친 하루하루가 언제 끝이 날지 힘겹

다고 하였다. 작품을 보며 알알이 고운 모래와 반짝이는 것들이 자신을 감싸주듯 보 호해 주는 것 같다고 하며, 예전에는 친정어머니의 간섭과 과보호가 힘들다고 생각 하였는데, 지금에서 돌아보니 친정어머니의 보살핌이 현재의 자신에게는 큰 힘이 되었던 것 같다고 하였다. 내담자는 작품 활동을 통해 친정어머니와의 갈등을 다시 되돌아보는 계기가 되었다.

9) 긍정나무

"인간이 불행한 것은 자기가 행복하다는 것을 모르기 때문이다.

이유는 단지 그것뿐이다.

오직!

그것을 자각한 사람은 곧 행복해진다. 일순간에!"

―도스토옙스키(Dostoevskii)―

마틴 셀리그먼(Martin Seligman)에 의하면 긍정 정서는 우리의 지적·신체적·심리적·사회적 자원을 지속적으로 확장시키고 구축하여 삶의 어려움이 있을 때마다 활용하게 된다고 한다. 긍정 정서에 속해 있을 때 사람은 자신을 더 사랑하게 되고 타인들의 사랑도 느낄 수 있으며, 따라서 사랑과 유대감이 높아질 가능성이 커진다. 또한 정신 작용이 활발해지고 인내심이 커지며 창의력이 증폭되고 낙관적인 미래를 꿈꾸게 된다(김인자, 우문식, 2016).

준비물

아크릴물감, 에어캡, 하드보드지 또는 캔버스, 네임펜, 목공 풀

기대목표

• 긍정적인 감정의 표현을 통해 행복지수를 높여 준다.

• 에어캡으로 찍어 표현하는 활동은 내적 에

너지를 발산하여 심리적 안정감을 준다.

미술활동

① 도화지에 자신을 표현할 수 있는 나무의 기둥과 가지를 그린다.

② 팔레트 위에 자신에게 긍정 정서를 나타내는 색상을 짠다.

③ 적당한 크기로 잘라 놓은 에어캡에 ②의 색상을 묻혀서 수관을 찍어 표현하고, 찍어 낸 에어캡을 나무의 뿌리 부분에 목공 풀로 붙인다.

④ ③의 과정을 반복하여 작품을 완성한다.

⑤ 작품에 붙여진 긍정 정서에 이름을 개별적으로 적어 준 후, 작품의 제목을 정하고 이야기를 나눈다.

미술심리재활 적용

- 활동하기 전 긍정 정서를 탐색할 수 있는 시간을 충분히 주어야 한다. 치료사는 내담자가 현실에서의 긍정 정서의 경험을 구체적으로 표현할 수 있도록 하여, 현재 자신의 삶에서 행복감을 느낄 수 있도록 한다.
- 미술치료에서 나무는 자기상을 뜻한다. 사람은 좋은 상을 지속적으로 보게 되면 자신의 내면에 대한 긍정적 인식을 형성하게 된다. 에어캡을 활용한 나무의 표현은 작품성을 돋보이게 하고, 성취감과 심리적 만족감을 주며 긍정적 자기 상을 형성하는 데 도움이 될 수 있다.

사례

　취업 준비로 스트레스를 받고 있는 여자 대학생의 긍정나무 작품이다. 내담자는 현재 아르바이트와 학업을 병행하고 있으며, 곧 졸업이 다가와 면접을 보고 있지만 취업이 되지 않아 자신감도 많이 줄어들었고 미래에 대해서도 부정적이라고 하였다. 자신을 표현하는 나무를 그릴 때 주저하였지만 에어캡으로 수관을 찍어 내면서는 적극적으로 표현하였다. 자신의 긍정자원으로는 친화력과 노력, 끈기라고 하며 분홍색, 초록색, 노란색을 선택하여 나무를 꾸며 주었다.

　내담자는 멋지게 완성된 작품을 보며 만족감을 나타내었고, 지금은 힘들지만 조

금 더 노력하고 포기하지 않으면 언젠간 저 나무처럼 자신의 삶도 아름다워질 것 같다며 낙관적인 미래에 대한 기대감을 나타내었다.

10) 물감 스크래치

준비물

포스터컬러, CD, 평붓, 송곳, 도화지

기대목표

- 스크래치 활동을 통해 부정적 감정을 표현함으로써 스트레스 해소에 도움을 준다.
- 창의적 표현을 통해 긍정적 감정의 전환을 가져온다.

미술활동

① 눈을 감고 현재 자신을 괴롭히는 감정이나 사건에 대해 생각할 시간을 가진다.

② CD에 떠오르는 색상으로 채색한다.

③ 물감이 마르고 난 후 송곳을 사용하여 자유롭게 형태를 그려 준다.

④ 표현된 작품을 보며 현재의 문제와 연관 지어 이야기를 나눈다.

▶ 포스터컬러를 사용할 때는 물을 적게 사용해야 하며, 아크릴물감을 사용할 경우에는 주방용 세제를 섞어 사용하면 스크래치 효과가 잘 나타난다.

미술심리재활 적용

- 내담자가 구체적인 형태를 그리기 어려워하는 경우, 난화의 형태를 그려 볼 수 있도록 하여 난화에서의 이미지를 찾아 이야기를 이어 나가도록 한다.

- 부정적 감정의 표출 대상이 주변 사람인 경우, 내담자는 죄책감을 가질 수 있다. 치료사는 내담자가 긍정적인 감정을 가지고 갈 수 있도록 도와야 한다.

- 뾰족한 송곳으로 긋는 행위는 부정적 감정의 분출을 도와 스트레스 해소에 도움을 줄 수 있다. 내담자가 평소에 어떻게 스트레스를 푸는지, 안전한 방법으로 스트레스를 풀 수 있는지 대처방법에 관한 이야기를 나누어 본다.

사례

　비만으로 스트레스를 받고 있는 여자 대학생의 물감 스크래치 작품이다. 내담자는 어렸을 때는 통통했지만 여러 번의 다이어트와 요요 현상을 반복하며 현재는 고도 비만이 되었다. 검은색 사람의 형태는 비난하는 주변 사람들로 인해 상처를 받고 있는 자신의 모습이라고 하였다. 체중을 줄이기 위해 노력은 하지만 비난을 받으면 다시 습관적으로 먹을 것을 찾는다고 하며 송곳으로 음식들을 표현하였다.

　내담자는 완성된 작품을 보며 주변 사람들의 비난 때문에 자신이 힘들다고 생각했지만, 뾰족한 CD의 조각들이 결국 자신의 선택이며 그것으로 인해 자신이 망가지고 있는 것 같다고 하였다. 내담자에게 음식이란 어떤 것이냐고 물어보자 스트레스이자 자신에게 유일한 위로가 되는 것이라고 하였다. 음식 이외에 위로가 되는 것은 가장 친한 친구가 있는데, 그 친구만큼은 유일하게 자신을 이해해 주는 사람이라고 하였다.

11) 자화상

준비물

아크릴물감 또는 포스터컬러, 흑백 사진, 하드보드지, 붓, 팔레트

기대목표

- 자신의 얼굴을 자유롭게 꾸며 보고 탐색하는 과정을 통해 자아개념 확립에 도움을 준다.
- 흑백 사진에 컬러감을 부각시켜 시각적 흥미와 성취감을 줄 수 있다.

미술활동

① 하드보드지에 흑백으로 된 자신의 사진을 붙인다.

　(물감으로 채색할 시 하드보드지 위에 붙인 사진이 들뜨는 경우가 있으므로 딱풀을 사용하여 꼼꼼히 붙여 준다.)

② 흑백 사진에 물감으로 꾸미고 싶은 부분을 채색한다.

③ 완성된 자신의 모습을 보고 제목을 붙여 본다.

미술심리재활 적용

- 자화상은 자기 자신을 직접 등장시킴으로써 자신의 내적·외적 갈등과 욕구를 탐색하고 표현하게 해 주어 통찰의 기회를 제공해 준다. 또한 자기애, 자기 연민, 자부심 등을 표현하는 수단이 되어 준다(원주애, 2013).

- 자아존중감이 낮은 내담자는 많이 위축되어 있어 자신의 얼굴을 직접 그리는 것을 부담스러워 한다. 이럴 때 흑백 사진 위에 채색하면서 색감을 주는 작업은 내담자에게 생기를 줄 수 있으며, 완성된 작품에서 성취감을 느껴 자아존중감을 높여 줄 수 있다.

- 사진을 보며 현재의 자신을 객관적으로 바라보게 할 수 있다. 또한 다른 방법으로 현재의 모습에서 어떻게 변화하고 싶은지에 대해 그려 봄으로써 미래의 모습에 대한 탐색의 기회를 가질 수도 있다.

사례

11세 남자 아동의 자화상 작품이다. 내담자
는 자신의 모습을 영웅 캐릭터인 '아이언맨'으로
표현하였다. 내담자는 키도 작고 왜소하여 친구
들 사이에서 괴롭힘을 당하여 힘들다고 하였다.
그래서 아이언맨처럼 힘이 강해진다면 자신을
다시는 괴롭히지 못하게 친구들을 혼내 주고,
자신을 따르게 만들고 싶다고 하며 친구들에 대
한 분노 감정을 표현하였다. 내담자는 완성된
작품을 보고 힘도 강하고 멋진 모습으로 표현되
어 기분이 좋다고 하며 만족감을 나타내었다.

12) 아크릴 푸어링

준비물

아크릴물감, 글로스 미디엄, 캔버스, 종이컵

기대목표

• 흥미롭고 창의적인 표현을 통해 긍정적 에
  너지를 경험한다.
• 비정형 매체의 활동을 통해 무의식적 표출
  을 한다.

미술활동

① 눈을 감고 명상의 시간을 가진다.

② 종이컵에 자신이 좋아하는 색상의 아크릴물감, 글로스 미디엄, 물을 1:1:1 비율로 섞어 준비한다.

③ 쟁반 위에 캔버스를 높이를 두고 띄워서 올려놓고 원하는 곳에 종이컵의 물감을 천천히 부어 준다.

④ 물감이 흐르는 모양의 변화를 주고 싶을 경우, 드라이기 또는 미술용 나이프를 사용한다.

⑤ 작품의 제목을 정하고 이야기를 나눈다.

▶ 종이컵의 물감을 순서대로 천천히 큰 종이컵에 부어서 한 번에 캔버스에 부어 주는 방법도 있다.

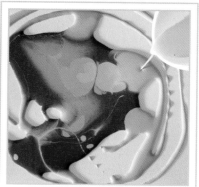
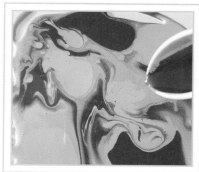

미술심리재활 적용

- 창의적 표현의 방식은 평소에 무뎌 있던 감각을 일깨우고, 그림을 잘 그리지 못하더라도 전혀 생각하지도 못했던 무늬와 모양으로 멋진 작품을 만들어 내어 내담자에게 긍정적인 에너지를 줄 수 있다.

- 재현적 묘사는 이성의 통제로 인해 검열을 받게 되지만, 즉흥적 그림은 그린 사람 고유의 표현으로서 무의식의 세계를 표출할 수 있고 동시에 치료가 이루어진다(이영주, 2001).

- 표현된 형태에서 심상화의 작업을 통해 무의식을 탐색할 수 있다.

- 캔버스뿐만 아니라 다양한 오브제(돌, 실, 나무 조각 등)를 응용할 수 있다.

- 비정형 매체의 약한 통제력은 내담자의 심리적 반응이 촉진되어 감정의 분출이 과도하게 나타날 수 있다. 치료사는 이러한 점을 염두하고 적절한 시기에 적용하여야 하며, 색이 과도하게 많이 섞이게 되면 탁하고 어둡게 되어 내담자에게 좌절감을 줄 수 있으므로 재료 안내에 있어 주의하여야 한다.

사례

50대 여성의 아크릴 푸어링 작품이다. 내담자는 가족의 건강을 기원하고 싶다고 하며 캔버스 위에 돌탑을 쌓고, 가족을 나타낼 수 있는 색으로 노란색, 파란색, 연두색, 주황색의 물감을 종이컵에 섞어 주었다. 색감이 너무 예쁘다고 하며 좋아하였고, 종이컵의 물감을 조금씩 천천히 부어 주었다.

내담자는 아이들과 남편이 자신들의 일로 바빠 요즘에는 가족이 함께할 시간이 부족하다고 하며, 그들을 이해하지만 자신만 소외되고 있는 것 같아 서운하다고 하였다. 각기 다른 색이 섞이며 하나의 색감을 이루는 것을 보니 가족도 이 작품처럼 서로 소통하며 하나가 되었으면 좋겠다고 하였고, 완성된 작품이 푸른 들판의 예쁜 꽃밭 같다고 하며 가족도 푸른 들판처럼 건강하고 행복했으면 좋겠다고 하였다.

13) 물감 찍기

준비물

수채화물감, 팔레트, 다양한 찍기 도구(면봉, 폼 폼이 등)

기대목표

- 다양한 매체 활용을 통해 흥미를 유발한다.
- 소근육을 사용한 활동으로 주의 집중력과 자기조절능력을 향상시킨다.

미술활동

① 도화지 위에 자신이 표현하고 싶은 이미지를 그린다.

② 팔레트에 물감과 적당량의 물을 섞어 준비한다.

③ 밑그림에 찍기 도구로 물감을 묻혀 찍는다.

④ 작품의 제목을 정하고 이야기를 나눈다.

▶ 내담자가 스스로 그리지 못할 경우, 치료사는 내담자의 성향에 따라 여러 종류의 도안을 준비한다.

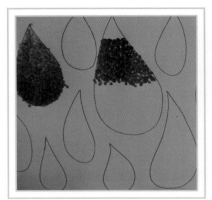
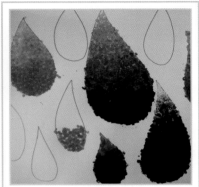

미술심리재활 적용

- 점묘화는 발달상의 어려움이 있는 내담자에게 소근육과 집중력을 향상시켜 줄 수 있는 활동이다. 손가락을 사용하여 찍기를 할 수 있고, 면봉 같은 기존에 있는 도구를 사용하여 찍기를 할 수도 있다.

- 소근육 기능의 현저한 어려움이 있는 내담자가 편하게 사용할 수 있도록 찍기 도구를 준비해 주어야 한다.

- 활동에 어려움이 있는 내담자는 치료사가 손을 잡고 도와준 후 스스로 완성할 수 있도록 촉진한다.

- 작은 도구를 사용한 점묘화는 집중력을 향상시키는 데 중점을 둘 수 있으며, 풍선처럼 큰 도구를 사용할 경우는 감정 분출과 내적 스트레스를 해소하는 데 중점을 둘 수 있다.

사례

중학교 2학년 여학생의 '별똥별'이라는 제목의 물감 찍기 작품이다. 내담자는 물감 찍기 활동을 하는 동안 조용히 집중하며 진행하였다. 검은색으로 두 명의 사람을 면봉으로 빈틈없이 찍었고, 파란색 배경은 손가락으로 색을 표현하였다. 내담자는 학교에서 친한 친구들이 없어 외로움을 느낀다고 하였

다. 작품에 표현된 인물은 초등학교 때부터 가장 친했던 친구로, 현재는 멀리 떨어져 있는 친구에 대한 그리움을 나타내었다. 친구와 다시 만나 행복했던 때로 돌아가고 싶은 소망을 하늘에서 떨어지는 별똥별로 표현하였다. 내담자는 작품이 쓸쓸해 보이기도 하지만, 별똥별을 보며 소원을 빌면 언젠가는 행복해질 수 있을 것 같다는 희망을 나타내었다.

14) 핑거페인팅 I

준비물

거품물감, 여러 장의 도화지, 큰 쟁반, 바닥
보호용 신문지나 비닐

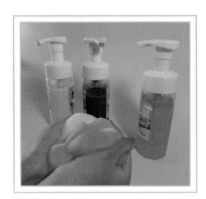

기대목표

- 촉감 활동을 통하여 심리적 퇴행을 촉진
  하고 무의식적 자아를 탐색한다.
- 손을 이용한 놀이적 측면은 즐거움을 주고 심리적 만족감의 치료적 효과를 제
  공한다.

미술활동

① 거품물감을 손으로 만졌을 때의 느낌을 탐색한다.

② 쟁반 위에 거품물감을 짜고 충분한 시간 동안 손으로 자유롭게 문지른다.

③ 도화지 위에 핑거페인팅으로 난화를 한다.

④ 작품의 제목을 정하고 이야기를 나눈다.

미술심리재활 적용

- 핑거페인팅은 부드러운 촉감과 놀이적 즐거움을 주는 흥미 있는 활동으로 초기
  상담 과정에서 치료사와의 신뢰형성에 도움이 된다.
- 매체를 만졌을 때의 느낌과 떠오르는 상징에 대해서 이야기를 나눈다. 상징화
  작업은 환상 속에서 상실되고 파괴되었던 대상들을 회복시키고, 심리적 공격성

으로 인해 표출되었던 죄책감과 불안을 극복할 수 있는 힘을 준다(신소영, 송현종, 2014).

- 어린 아동의 경우 단순히 만지고 놀면서 감각의 발달을 촉진시킬 수 있으며, 조절 능력도 향상시킬 수 있다.
- 촉각 방어가 심한 내담자일 경우 치료사가 비닐장갑을 준비해 준다. 비닐장갑을 끼고 핑거페인팅을 하다 보면 촉각 방어가 점차 감소하여 비닐장갑을 벗고 활동할 수 있게 된다.
- 거품물감 이외에 다양한 핑거페인팅 재료가 있으나 유아동일 경우 안전상의 이유로 무독성 거품물감을 사용하는 것이 좋다.

사례

 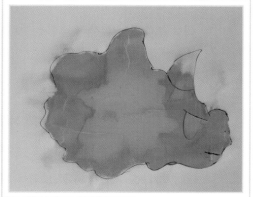

모자가 함께한 거품 핑거페인팅 작품이다. 7세 아동과 어머니가 거품물감을 만져보고 이야기를 나누며 즐겁게 상호작용을 하였다. 어머니는 직장 일로 바빠서 아이와 함께하는 시간이 적어 항상 미안해하고 있었는데, 아이와 함께 핑거페인팅 활동을 하면서 이야기도 나누고 스킨십도 많이 하다 보니 아이와 훨씬 가까워진 기분이라고 하였다.

도화지에 나타난 형태를 보고 표현한 작품의 제목은 '코뿔소'로, 아동이 어머니와 함께 갔던 동물원에서 보았던 코뿔소가 생각나서 모자가 함께 완성한 작품이다. 아동은 어머니와 함께한 거품 핑거페인팅 활동을 통해 어머니에게 부족하게 느꼈던 애정적 욕구를 채울 수 있었다.

15) 핑거페인팅 Ⅱ

준비물
밀가루 풀, 물감, 큰 쟁반, 바닥 보호용 신문지나 비닐

기대목표
새로운 매체의 감각적 경험을 통해 정서를 이완하고 흥미를 유발한다.

미술활동
① 큰 쟁반에 밀가루 풀을 담고 느낌을 탐색한다.
② 쟁반에 물감을 넣고 밀가루 풀과 섞어 준다.
③ 손가락을 이용하여 풀 그림을 자유롭게 그린다.
④ 활동할 때의 느낌과 완성된 작품에 대해 이야기를 나눈다.

미술심리재활 적용
• 시중에 판매하는 밀가루 풀은 도배용으로 약간의 독성이 있어 유아동의 경우 안전상의 문제가 생길 수 있다. 사용하기 전에 팔 안쪽에 묻혀 부작용 여부를

확인해야 하고, 밀가루 풀을 직접 만들거나 전분에 물을 섞어 사용하여도 좋다.

• 집단으로 활동할 때에는 바닥에 김장용 매트를 깔고 자유롭게 활동할 수 있도록 하며, 놀이나 게임을 활용하여 집단 구성원 간의 긍정적 상호작용을 유도할 수 있다.

사례 1

　　20대 여성의 핑거페인팅 작품이다. 내담자는 밀가루 풀을 만져 보니 끈적한 느낌이 이상하다고 하면서 평소에는 느껴보지 못했던 느낌이라 새롭다고 하였다. 물을 조금씩 반복해서 섞고 물감을 넣은 뒤에는 거부감이 점차 줄어들었으며, 말랑말랑한 느낌이 재미있다고 하며 즐겁게 활동하였다. 밀가루 풀 위에 자유롭게 손으로 그림을 그려 보았고, 어렸을 때 친구들과 땅에 낙서하면서 놀던 기억이 난다고 하며 아무 의미 없는 낙서라고 하였다. 내담자는 처음에는 손이나 옷이 더럽혀지는 것에 대해 부담감이 있었는데, 활동할수록 속박된 느낌에서 벗어나듯 자유로운 기분이 든다고 하였다.

사례 2

　초등학교 저학년 집단의 핑거페인팅 활동이다. 집단 구성원은 밀가루 풀이 신기한 듯 만져 보고 싶다면서 호기심을 보였다. 치료사가 집단 구성원의 손에 밀가루를 부어 주었는데 구성원 중 한 명이 차례를 지키지 않았다. 이로 인하여 집단 구성원 간에 갈등을 보였고 구성원은 밀가루 풀을 서로 자기 영역으로 모으며 경계하면서 자기만의 놀이에 집중하였다. 집단 구성원은 손끝의 감각을 느끼고 몰입하면서 불필요한 행동이 감소하였고, 서로가 긍정적인 상호작용을 경험하면서 자신이 존중받고 있음을 깨달았고, 집단 구성원 간에 긍정적인 관계를 맺을 수 있었다. 집단 구성원 중 한 명이 밀가루 풀을 한곳으로 모아 함께 작품을 그려 보자고 제안하였고, 구성원들은 무엇을 만들지 서로 의논하는 모습을 보였다. 집단 구성원은 애니메이션 이야기를 하며 캐릭터를 표현하였고 서로를 도와주는 모습을 보였다.

16) 물감 뿌리기

준비물

스프레이물감, 켄트지(전지 크기), 벽 보
호용 신문지나 비닐

기대목표

• 스프레이를 사용하는 활동은 소근육
  의 발달을 촉진할 수 있으며, 자기조
  절능력을 향상시킨다.
• 물감 뿌리기 활동을 통해 흥미 유발과 심리적 만족감을 얻는다.

미술활동

① 벽면에 전지 크기의 켄트
  지를 붙인다.
② 스프레이물감을 켄트지
  에 자유롭게 뿌린다.
③ 다양한 색상을 이용하여
  반복하여 실시한다.
④ 여러 장의 작품 중 마음
에 드는 작품을 골라 제목을 정하고 이야기를 나눈다.

미술심리재활 적용

- 물감 뿌리기 활동에 특정 의미를 준다기보다는 놀이처럼 즐겁게 활동할 수 있도록 한다. 놀이에는 분명한 목적이나 동기가 없다. 놀이는 성패를 따지지 않으며, 결과를 설명해야 할 필요도 없고, 의무적으로 수행해야 할 과제도 아니다. 이것은 우리에게 상징화되기 이전의 내면적이고 본능적인 느낌과 정서, 직관, 쾌락을 선사하는데, 바로 그것들로부터 창조적 통찰이 나온다(박종성, 2018).
- 물감이 뿌려진 모양을 보고 상징화 작업을 한다. 상징화 작업을 통해 환상 속에서 파괴되고 상실되었던 대상들을 내면에서 회복시키고, 자신의 공격성으로 인해 야기되었던 불안과 죄책감의 극복을 시도하게 된다(신소영, 송현종, 2014).
- 내담자가 작품 활동에 제약을 받지 않도록 큰 종이를 사용하고, 작은 종이를 사용할 경우에는 주변에 물감이 묻지 않도록 벽 보호용 신문지나 비닐을 붙이고 활동할 수 있도록 준비하여야 한다.

사례

가정 내 불화로 인해 불안감을 가지고 있는 8세 여자 아동의 물감 뿌리기 작품이다. 활동을 하기 전 내담자는 물감이 주변에 묻을 것 같다고 하며 주저하였다. 치료사가 벽에 비닐을 붙여 주고 먼저 시범을 보여 주며 괜찮다는 것을 알려 주자 활동을 시작하였다. 내담자는 여러 장을 반복하였고 환호성을 지르며 즐거워하였다. 가장 마음에 드는 작품을 선정한 후 사인펜으로 이미지를 덧그려 주었다. 토끼가 배가 고파서 나무의 과일을 따러 가고 있다고 하였고, 불을 끄고 블랙라이트로 그림을 비춰 주니 어두운 밤에 달빛이 토끼를 비춰 주고 있는 것 같아서 저 토끼는 좋겠다고 하며 모성적 돌봄에 대한 욕구를 나타내었다.

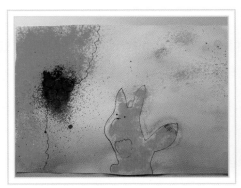

17) 마블링화

준비물

마블링물감, 도화지, 넓은 통 또는 깊은
쟁반, 나무젓가락

기대목표

마블링물감의 표현 방법을 통해 흥미를
유발하고 창의성을 향상한다.

미술활동

① 넓은 통에 물을 넣고 마블링물감을 톡톡 떨어트리듯이 짜 준다.

② 나무젓가락으로 자유롭게 물감을 저어 준다.

③ 원하는 모양이 나왔을 때 도화지를 덮어 마블링을 찍어 낸다.

④ 여러 가지 색과 농도를 이용하여 다양한 작품을 여러 장 찍어 낸다.

⑤ 마음에 드는 작품을 선정한 후 제목을 정하고 이야기를 나눈다.

▶ 마블링물감을 처음부터 많이 저어 주기보다는 천천히 모양을 만들어 준다.

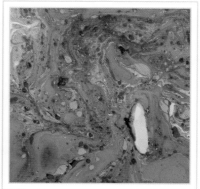

미술심리재활 적용

• 마블링화는 색이 섞이지 않고 고유한 색을 유지한 채 우연의 형태가 나타난다.
　이러한 마블링화의 특징은 유희적 즐거움을 주고, 경직되어 있거나 위축되어
　있는 내담자에게 심리적 이완의 경험을 제공해 준다.

• 마블링화는 물감을 한번 풀어내면 여러 장을 찍어 낼 수 있다. 같은 무늬라 하
　더라도 찍는 순서에 따라 다른 모양이 나올 수 있다. 이와 같은 과정은 내담자

에게 한 가지 문제에 대해서 다양한 관점을 생각해 볼 수 있게 할 수 있다.
- 마블링 모양을 찍어 낸 작품에서 이미지를 찾아 오려 내어 다른 작품으로 활용할 수도 있다. 다양한 표현 방법의 발상을 통해 창의성을 향상하고 성취감을 줄 수 있다.

사례

육아 스트레스를 받고 있는 30대 여성의 마블링화 모빌 작품이다. 내담자는 평소 육아에 지쳐 있었는데, 마블링물감이 자연스럽게 퍼지는 형태가 너무 예뻐 기분이 좋다고 하였다. 물감을 찍어 내면서 진한 색보다는 흐리게 나올수록 색이 더 예쁘게 나오는 것 같다고 하였다. 작품을 보고 자연의 색처럼

보인다고 하며, 아이들과 집에서만 있지 말고 밖으로 나가 시간을 좀 보내고 싶다고 하였다. 마블링화 작품을 모빌로 만들어 아이들을 위해 창가에 걸어 두고 같이 보고 싶다고 하며 자녀에 대한 애정을 나타내었다.

18) 섬유 페인팅

준비물

섬유물감, 섬유 염색펜, 섬유매체, 수틀, 붓, 물
통, 손수건

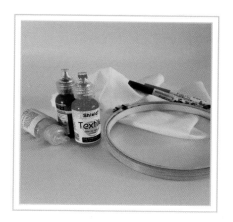

기대목표

섬유매체의 부드러움으로 정서적 안정감을 경
험하며, 섬유물감의 색채를 통해 창의적 표현을
경험한다.

미술활동

① 섬유매체의 촉감을 느껴 보고 이미지를 그릴 위치를 정한 후 수틀에 고정한다.

② 섬유 염색펜을 사용하여 마음에 드는 이미지를 손수건에 그린다.

③ 밑그림에 섬유물감으로 채색한다.

④ 완성된 작품에 드라이기나 다리미를 사용하여 열처리를 한다.

⑤ 완성된 작품의 제목을 정하고 이야기를 나눈다.

미술심리재활 적용

- 부드러운 섬유매체는 감정의 이완을 통해 친밀한 정서를 불러일으켜 단절되고 상실된 인간성을 회복시키는 데 도움이 된다(유미란, 2018). 여기에 섬유물감의 아름다운 색채를 더하여 개성적이고 창의적인 방법으로 치유적 경험을 할 수 있게 한다.

- 수틀은 섬유매체에 페인팅을 할 수 있게 고정하는 역할을 하며, 수틀의 테두리는 안정감을 제공하여 주고 연배가 있는 여성 내담자에게는 과거의 기억을 회상할 수 있는 도구가 된다.

- 그리기에 자신이 없는 내담자에게는 여러 장의 도안을 준비하여 고를 수 있도

록 하고, 도안을 수틀 뒤쪽에 고정하고 비치는 모양을 따라 그릴 수 있도록 도
와준다.

- 섬유물감은 손수건, 가방, 옷, 양말 등의 다양한 섬유매체에 활용할 수 있다.

사례

40대 여성의 섬유 페인팅 작품으로, 제
목은 '꽃길'이다. 내담자는 만다라 도안을
선택하여 페인팅 펜으로 도안을 따라 그리
고 섬유물감을 사용하여 채색하였다. 수
틀을 빼내고 손수건 주변에 예쁜 꽃이 더
있었으면 좋겠다고 하며 노란색 꽃들을 그
려 주었다.

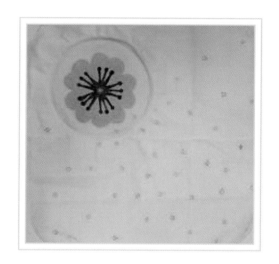

완성된 작품의 예쁜 꽃을 보니 딸이 생
각난다고 하였다. 내담자는 사춘기에 접
어든 딸이 있는데, 어렸을 때는 항상 같이 다니며 행복한 시간을 보냈지만, 요즘에는
딸과의 사이가 소원해진 것 같아서 서운하다고 하였다. 내담자는 치료사와의 대화
를 통해 딸에 대한 자신의 마음을 탐색해 보는 시간을 가졌다.

제3장
콜라주

1. 콜라주의 특성

콜라주(Collage)는 잡지, 단추, 실, 사진 등 주변에서 구할 수 있는 재료를 활용하여 가위로 오리거나 손으로 찢어 도화지에 붙이는 것으로서, 미술치료 현장에서는 주로 잡지가 많이 사용되고 있다. 콜라주 미술치료는 아동부터 성인까지 광범위하게 적용할 수 있으며, 쉬운 접근성으로 인해 매체 사용을 잘하지 못하거나 언어 표현이 어려운 내담자도 쉽게 할 수 있다. 또한 콜라주는 주로 잡지의 이미지를 오려 붙이기 때문에 내담자에게 그리기에 대한 부담감을 줄여 주고, 붙이고 붙이지 않는 것에 대한 선택의 자유가 있어 치료의 안전성을 가져다준다.

콜라주는 다양한 잡지를 오리고 찢어 붙이면서 자신에 대한 이해나 생각이 깊어지며 자기표현을 하게 되고, 내면의 갈등 상황 이해를 통해 현실감을 가지게 된다(양윤정, 이근매, 2013). 콜라주 기법은 작품을 제작하고 언어로 설명해 나가는 과정에 치료적 효과가 있으며(한국미술치료학회, 2011), 자유롭고 편안한 작품 활동을 하면서 스

스로 내면 통찰과 자연스러운 감정 표현이 이루어지고, 언어 표현보다 상징적인 표현이 가능하여 무의식을 알 수 있다.

2. 콜라주를 활용한 기법 연구 및 실습

1) 나를 표현하는 브로슈어

준비물

다양한 종류의 잡지, 가위, 풀, 사인펜, 여러 가지 색의 도화지

기대목표

자신의 정체감을 인식하며 자기표현을 통하여 자아존중감을 향상시킨다.

미술활동

① 자신을 표현할 수 있는 이미지를 찾아 오린다.

② 도화지 위에 자유롭게 붙인다.

③ 작품을 완성한 후 제목을 정하고 이야기를 나눈다.

미술심리재활 적용

- 자아존중감이 낮은 내담자는 위축되어 있어서 자신을 나타내기 어려워한다. 콜라주는 표현의 폭이 넓어 이러한 부담감을 줄여 주어 안정감 있는 환경을 제공한다.
- 잡지 속에서 여러 가지 이미지 중 선택한 이미지는 내담자의 심상이 투사된 것으로 무의식적 자기를 나타내는 것이다. 또한 잡지에서 고른 선명한 이미지로 완성된 콜라주 작품은 내담자에게 성취감을 주어 자아존중감을 향상시켜 준다.
- 잡지책의 이미지 이외에도 자신의 사진이나 스티커를 활용하여 자신을 표현할 수도 있다.

사례

'나를 소개합니다'라는 제목의 콜라주 작품이다. 15세 여중생인 내담자는 외국어 고등학교 진학을 희망하고 있는데, 학업에서나 또래 관계에서 스트레스가 많은 상황이다. 타인이 보기

에는 얌전하고 공부를 잘하는 이미지인데, 이러한 자신의 이미지가 때로는 너무 힘들기도 하다고 하였다. 자신은 사실 톡톡 튀고 음악과 사진 찍는 것을 좋아하지만 주변의 기대감에 자신을 감추고 사는 것 같다고 하였다. 내담자는 자신에게 집중하며 자신은 어떤 사람일지를 생각하면서 활동하였고, 콜라주 활동을 통해 자신을 돌아보며 힘겹게 지내 온 시간이었지만 뿌듯함도 있다고 하였다.

2) 가지고 싶은 것, 버리고 싶은 것

준비물

다양한 종류의 잡지, 가위, 풀, 사인펜, 도안 또는 다양한 크기의 도화지

기대목표

자신의 욕구를 파악하여 표현해 본다.

미술활동

① 현재 자신에게 당면한 문제 또는 이전부터 마음속에 담아 두었던 욕구를 살펴본다.

② 도화지에 '가지고 싶은 것'과 '버리고 싶은 것'을 나눈다.

③ 마음에 드는 사진이나 그림을 손으로 찢거나 가위를 사용해 자유롭게 잘라서 도안이나 도화지에 붙이고 자유롭게 활동한다.

④ 작품을 완성하면 제목을 붙이고 이야기를 나눈다.

미술심리재활 적용

- 자신의 욕구를 명확하게 파악함으로써 내면을 표현하고 붙여진 것에 대하여 상징적인 의미를 살펴볼 수 있다.

- 내담자에게 작품에 대한 설명을 듣고, 느낌이나 기분을 이야기 나누면서 내담자가 통찰해 나가도록 돕는다.

- '가지고 싶은 것'은 내담자에게 중요한 것들이다. 자신의 삶에서 중요한 것들을 지키기 위해 현실에서 스스로 할 수 있는 것은 무엇이 있는지에 대해서 이야기를 나누어 볼 수 있다.

사례

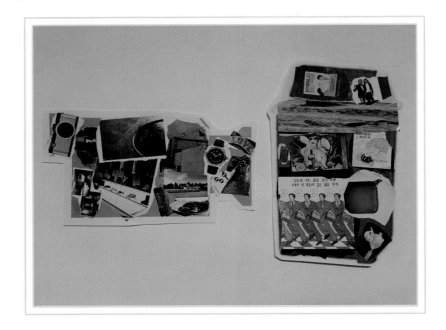

　40대 남성의 콜라주 작품이다. 작품의 왼쪽 캠코더 도안에는 가지고 싶은 것을, 오른쪽 휴지통 도안에는 버리고 싶은 것을 표현하였다. 휴대전화, 혼술, 실어증, 파도, 남녀 지갑, 지방, 정장 6벌, 누운 여자를 버리고 싶은 곳에 붙였고, 카메라, 의자, 밥상, 커피, 시계, 집, 여행, 침대, 실내 거실, 옷장, 돈, 술, 음식, 사랑을 가지고 싶은 곳에 붙였다. 내담자가 버리고 싶어 하는 것은 일과 관련된 스트레스와 이로 인해 흔들리는 자신의 모습이라고 하였고, 가지고 싶은 것은 사랑하는 가족의 윤택한 삶을 위해 필요한 것이라고 하였다. 완성된 작품을 보고 내담자는 현재 자신의 삶에서 소중한 가족을 위해서 앞으로 자신이 어떻게 할 것인지에 대하여 생각해 보고 정리할 수 있는 시간이 되었다고 하였다.

3) 안전한 공간

준비물

그림이 많은 잡지, 가위, 풀, 사인펜, 다양한 크기의 도화지

기대목표

현실적 상황을 파악하고 편안함과 안전감을 느끼게 한다.

미술활동

① 눈을 감고 내면을 들여다볼 수 있는 시간을 가진다.

② 편안함과 안전함을 느낄 수 있는 장소에 있는 자신을 생각하며 표현해 본다.

③ 그 장소에서 내담자는 안정감을 얻고 힘을 회복하여 이야기를 나누면서 현실적 상황도 파악할 수 있다.

미술심리재활 적용

치료사는 내담자가 일상생활에서 두려움을 느낄 때나 우울하고 불안할 때 언제든
지 안전하고 편안함을 느낄 수 있는 장소로 갈 수 있음을 알려 준다. 상상 속이지만
불안감에서 빠져나올 수 있는 힘을 가질 수 있게 된다.

사례 1

'포근한 내 공간'이라는 제목의 콜라주 작품이다. 10년 전 어머니를 상실한 아픔을

겪은 20대 여학생은 외로움을 느끼며 어머니의 품이 그립다고 하였다. 외동이어서 아버지는 회사에 나가시고 혼자 지내는 시간이 많은데, 아늑한 어머니의 품이 어렴풋이 기억나 이 공간에서 온전히 따뜻함을 느끼고 싶다고 하였다. 내담자가 마음속의 아픔을 표출하고 기억 속에 저장되어 있던 장소에서 하나씩 마주한다면 아픔의 기억들도 차츰 정화되리라고 보인다.

사례 2

어머니와의 애착관계에 어려움이 있는 12세 여자 아동이 어머니와 함께 만든 안전한 공간 콜라주 작품이다. 어머니와 둘이 가고 싶은 곳이나 갔던 곳 중에서 행복했던 곳이 어디였는지 물어보자 내담자는 동생들이 태어나기 전 어머니와 자주 갔던 커피숍을 표현하고 싶다고 하였다. 어머니와 내담자는 서로 커피숍에서 있었던 일과 어떤 곳인지를 이야기하며 대화를 이어 나갔다. 어머니는 내담자에게 지속적으로 어떻게 하고 싶은지 물어보며 작업에서 보조자 역할을 해 주었고, 사진을 선택하고 배치할 때마다 내담자의 감각과 능력에 칭찬을 해 주었다. 내담자는 완성된 작품의 만족감을 나타내며 어머니와 둘만의 시간을 갖고 싶다는 마음을 표현하였고, 어머니는 내담자의 이러한 욕구를 이해하고 수용해 주었다.

4) 행복한 나

준비물

잡지, 가위, 풀, 도화지, 사인펜, 다양한 색실

기대목표

- 자신에게 즐거운 감정을 느끼는 대상에 대한 표현을 통해서 긍정적 에너지를 경험한다.
- 자신에 대한 이해와 느낌을 솔직하게 표현하고 참된 나를 발견한다.

미술활동

① 도화지를 길게 잘라 이어 준다.
② 다양한 색실을 도화지에 오선지 모양으로 붙인다.
③ 마음에 드는 사진이나 그림들을 찾아 오리거나 손으로 찢어 붙인다.
④ 작품이 완성되면 제목을 붙이고 작품에 대한 설명과 느낌을 이야기 나눈다.

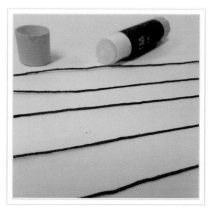

미술심리재활 적용

- 일상생활이나 대인관계 등에서 자신에게 즐거운 감정을 주는 대상을 탐색하고 표현하는 것은 내담자에게 긍정적인 에너지를 주고, 역경을 이겨 낼 수 있는 힘을 줄 수 있다. 표현한 작품에 관하여 이야기를 나누어 봄으로써 내담자의 변화된 감정을 느낄 수 있도록 한다.

- 내담자에 따라 행복한 감정을 주는 대상은 다양하게 표현될 수 있다. 내담자가 표현한 대상이 부정적인 것이라도 치료사는 수용해 주어야 하지만, 그 대상이 내담자에게 해를 가하는 대상이라고 한다면 대화를 통해 내담자가 이러한 점을 스스로 인식할 수 있도록 도와주며, 긍정적인 대상으로 바꿔 주는 것도 필요하다.

사례

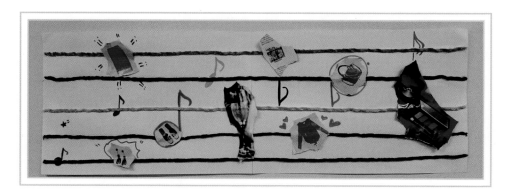

　　20대 직장 여성의 '봄봄봄'이라는 제목의 작품이다. 내담자는 대학교를 졸업하고 사회인이 되어 기쁨과 설렘이 있었지만 1년이 지난 현재는 과도한 업무로 인해 그 즐거움을 만끽하지 못하는 생활에 힘겨웠다고 하였다. 완성된 작품을 보며 오선지의 음표들이 한 음씩 올라가면 소리가 다르듯이 자신만의 색을 보여 주고 싶다고 하였다. 밝은 옷과 액세서리, 화장품 등으로 자신을 꾸미면 스트레스도 덜 받을 것 같고, 현재 힘겨운 업무도 많지만 한 계단씩 올라가면 자신에게도 만족할 만한 성과가 돌아올 것 같다고 하였다. 내담자는 삶의 즐거움을 작품 활동을 통해 자신의 마음을 표현하며 긍정적 미래에 대한 희망을 이야기하였다.

5) 나의 스트레스

준비물

　　다양한 그림과 사진이 있는 잡지, 가위, 풀, 도화지, 사인펜

기대목표

- 내면의 심리적 상황을 파악한다.
- 부정적 감정의 표출로 스트레스를 해소하고 정서적 안정을 찾게 한다.

미술활동

① 편안한 자세를 취하고 눈을 감은 상태에서 현재의 기분과 스트레스에 대해서 생각해 본다.
② 잡지 속에서 자신의 스트레스를 나타낼 수 있는 이미지를 찾는다.
③ 찾은 이미지를 도화지에 자유롭게 표현한다.
④ 완성된 작품의 제목을 정하고 이야기를 나눈다.

미술심리재활 적용

- 내담자의 발달 시기에 따라 잡지의 종류를 다양하게 준비하여 내담자가 선택할 수 있는 기회를 제공해 주어야 한다.
- 손으로 찢어 표현하는 활동은 가위를 사용하여 잡지를 오릴 때보다 심리적 퇴행과 카타르시스를 느낄 수 있다. 무의식 속의 감정과 스트레스의 표현을 통해 부정적 감정을 표출해 내고, 정서적 안정감을 느낄 수 있다.
- '나의 스트레스' 작품 활동 후 신문지 찢기와 같은 활동을 이어서 하게 되면 스트레스 해소에 도움이 될 수 있다.

사례

40대 초반 여성의 '나의 스트레스' 콜라주 작품이다. 작품의 왼쪽에는 평소 자신의 스트레스를 표현한 것으로 부서진 화장품 조각과 아이들의 로봇 장난감, 레고 장난

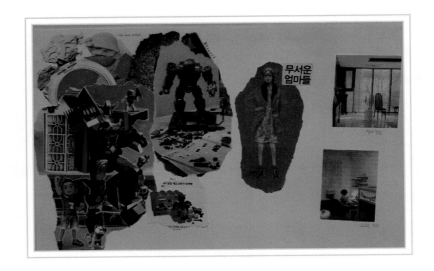

감 등을 붙여 주었다. 평소 아이들이 내담자 본인의 물건과 장난감을 가지고 놀고 정리하지 않아서 스트레스를 받고 있으며, 아이가 곧 학교에 입학해야 해서 한글을 직접 가르쳐 주고 있는데, 아이가 하기 싫어해서 자주 화를 내는 문제로 스트레스가 많다고 하였다. 오른쪽 아래에는 아이가 혼자서 공부하는 습관을 갖게 되기를 바라는 의미로 아이가 공부하는 모습의 이미지를 붙이고, 오른쪽 위에는 정리가 잘되어 있는 군더더기 없는 깔끔한 집의 모습이라고 표현하며 이미지를 붙여 주었다. 마지막으로 작품의 중앙에는 아이들에게 요즘 정리 정돈과 공부 문제로 화를 내는 자신의 모습을 표현한 이미지를 붙였다.

　도화지를 나누어 양측을 다르게 표현한 것으로 보아 내담자의 현실 속에서의 모습과 이상적으로 생각하는 모습 사이에서의 괴리감이 큰 것으로 보이며, 중앙에 서있는 여성의 모습이 전형적인 주부의 모습이 아닌 것에서도 복잡한 내담자의 심리가 나타나며 자녀 문제로 스트레스를 받고 있는 것으로 보인다.

6) 가고 싶은 여행

준비물

다양한 종류의 잡지나 여행지 지도, 다양
한 크기의 도화지, 사인펜, 가위, 풀

기대목표

• 내면의 심리적 욕구를 파악한다.
• 도전과 모험하고자 하는 자신을 발견하
  고 긍정 정서를 경험한다.

미술활동

① 편안한 자세에서 눈을 감고 상상의 여행을 떠나 본다.
② 잡지를 이용하여 상상한 여행지를 표현해 본다.
③ 표현한 작품을 마음껏 즐기면서 이야기를 나눈다.

미술심리재활 적용

• 바쁜 일상에 지친 사람들은 자기돌봄의 시간이 부족하다. 스트레스로 인해 건
  강을 돌보지 못하거나 불규칙한 생활과 많은 일에 치여 자신을 잊고 살아가는
  사람들을 위해 이 기법은 상상의 즐거움과 함께 일상의 위로가 되어 줄 수 있다.
• 가고 싶은 여행 이외에 자신에게 의미가 있었던 여행 등에 대해서 이야기를 나
  누어 볼 수 있다. 또한 함께 가고 싶은 사람에 대한 이야기를 나누어 봄으로써
  관계성을 탐색해 볼 수 있다.

사례

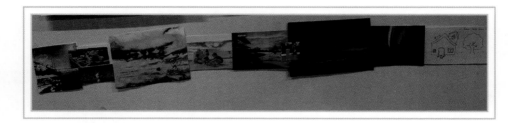

　　30대 여성의 여행 콜라주 작품이다. 내담자는 바다 여행을 가고 싶다고 하였다. 도화지가 작아 도화지를 길게 잘라서 왼쪽부터 시간순으로 붙였고, 아침에 창밖의 바다를 보며 일어나 가족과 식사를 하고 혼자 운동하는 모습이며, 다음 사진은 소금 모래로 이루어진 곳인데 아이들이 가면 신기해서 좋아할 것 같다고 하였다. 바다에 가면 아이들이 모래를 가지고 재미있게 시간을 보낼 수 있을 것 같다고 하였다. 그리고 숙소로 돌아와 저녁노을을 보며 아이들은 수영장에서 놀고 남편과 함께 맥주 한 잔을 하고, 아이들이 보고 싶어 하는 오로라를 보며 하루를 마무리하고 싶다고 하였다. 마지막은 집 그림으로 여행이 아무리 좋아도 가장 좋은 것은 집에 왔을 때의 편안함인 것 같다고 하였다. 내담자는 요즘에는 여유가 없어서 집에만 있는데 이렇게 생각해 보는 것만으로도 힐링이 되는 것 같다고 하였고, 여유롭고 예쁜 여행을 가고 싶다고 하였다. 내담자는 푸른 바다를 보며 혼자 달리고 싶을 만큼 일상으로부터 벗어나고 싶어 하는 마음을 표현하였다.

7) 과거-현재-미래

준비물

다양한 종류의 잡지, 필름 도안, 가위, 풀, 사인펜

기대목표

과거의 자신을 돌아보고 현재의 자신을 인식하며 미래의 삶을 설계해 본다.

미술활동

① 자신의 과거-현재-미래의 모습을 생각해 본 후 필름 도안에 시간의 순서로 표현한다.

② 잡지 속에서 자신이 표현하고 싶은 이미지들을 찾아 손으로 찢거나 가위를 사용하여 오린다.

③ 선택한 이미지들을 각 칸의 시간순에 맞춰서 붙인다.

④ 작품을 완성한 후 제목을 생각해 보고 이야기를 나눈다.

미술심리재활 적용

• 과거의 사건이나 감정 탐색을 통해 자신의 억압되어 있던 마음이나 내재된 욕구 표현으로 심리적 안정감을 가질 수 있다.

• 현재 상황과 앞으로의 미래를 설계해 보는 시간을 가져 긍정적 자기 인식의 시간을 가질 수 있다.

• 과거, 현재, 미래, 자신의 인생을 통합적으로 바라볼 수 있는 시간을 가질 수 있으며, 자신에게 오롯이 집중할 수 있는 시간은 문제를 적극적으로 해결해 갈 수 있는 힘을 얻게 되는 기회를 제공해 준다.

사례

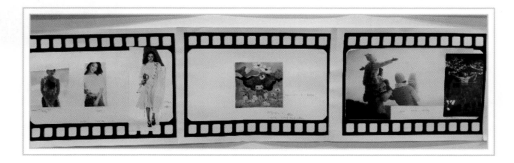

30대 후반 여성의 '과거-현재-미래의 나'라는 콜라주 작품이다. 작품의 왼쪽부터 과거 칸에 붙인 이미지들은 연애할 때 여유롭게 여행을 다니면서 사진 찍던 모습이 생각나고, 청바지와 흰색 티셔츠가 자유롭고 편안해 보여서 붙였다고 하였고, 그 옆의 여자는 그냥 멋있고 당당해서 보기 좋다고 하였다. 현재의 모습은 어린아이와 주변에는 여러 마리의 토끼가 있고 배경에 꽃들이 있는 일러스트 사진을 붙였는데, 육아나 가정에서의 일들로 인하여 하고 싶은 일을 하기보다는 막연히 공상 속에 있는 내담자의 모습 같다며 저 동물들이 처음 보았을 때는 고양이로 보였다고 하였다. 미래의 모습에는 해가 찬란하게 비추는 모습을 보는 가족의 모습으로 자신의 미래가 찬란하게 빛나고 오른쪽 사진의 교주 같은 사람처럼 모두가 주목하고 자신을 따르는 그런 사람이 되어 있고 싶다고 하였다.

내담자는 현실에서 스트레스를 받고 있지만, 일출 장면의 표현과 정면을 향하는 사진으로 보아 미래에 대해서는 낙관적인 시각을 가지고 있는 것으로 보인다.

8) 미해결 과제

준비물

다양한 종류의 잡지, 사인펜, 가위, 풀, 도화지

기대목표

내면의 미해결 과제를 표현하고 적절히 다루어 자신의 문제를 극복할 수 있는 힘을 가진다.

미술활동

① 자신의 내면으로 갈 수 있게 편안하고 조용한 음악을 들려준다.

② 자신의 미해결 과제를 생각하며 잡지 속에서 그림이나 사진을 선택하여 표현한다.

③ 작품을 완성한 후 제목을 정하고 이야기를 나눈다.

미술심리재활 적용

• 과거에 해결되지 않은 감정이 남아 있으면 현재에까지 영향을 미쳐 자신의 삶을 방해하게 된다. 미해결 감정이 무엇이었는지 탐색하고 이야기를 나누는 과정은 내담자 스스로가 자신의 문제를 알아차릴 수 있는 기회를 제공한다.

• 내담자가 자신의 미해결 과제에 대해서 생각할 때 표현하는 것에 대한 거부감을 가지거나 힘들어하는 경우가 있을 수 있으므로 치료사와의 신뢰형성이 충분히 되어 있는 상태에서 진행하여야 하며, 작품 활동 전 생각할 수 있는 시간을 충분히 갖는 것이 필요하다.

• '미해결 과제' 기법은 '과거-현재-미래'의 기법 활동 후 사용하게 되면 해결되지 않은 감정이 내담자의 삶에 어떠한 영향을 주고 있는지 구체적으로 살펴볼 수 있다.

사례

30대 기혼 여성의 콜라주 작품이다. 내담자는 자신의 어린 시절은 행복한 기억이 없어서인지 기억에 별로 남아 있는 것이 없다고 하였다. 시골에 살았는데 부모님 두 분 모두 일을 하셔서 집에 늘 혼자 있게 되어 내담자에게 집은 작품 속의 집처럼 쓸쓸해 보이고 어두운 곳이라고 하였다. 여자 모습은 해가 질 때까지 부모님이 집으로 돌아오기를 기다리는 자신의 모습이며, 부모님이 오시기 전에는 집이 무서워서 마당에서 강아지들과 놀거나 그림을 그리며 시간을 보냈다고 하였다. 초등학생 때는 작품 속 길처럼 산길을 한 시간 통학했어야 했는데 많이 힘들고 무서웠다고 하며, 학교 다니던 길이 생각나서 붙였다고 하였다. 과거의 자신은 멀리 있는 남산타워 위치에 있으며, 구불구불한 길처럼 자신도 힘든 삶을 살아온 것 같고, 망원경을 쓴 모습은 현재의 내가 과거의 내 모습을 잘 보기 위해서라고 덧붙였다. 현재는 앞쪽의 자전거를 타고 가는 여자처럼 더 나은 삶을 살아가려는 모습으로 미래를 향한 마음을 나타낸 작품이라고 하였다.

내담자는 유년 시절에는 고독감과 부정적 감정이 있었지만, 작품을 통하여 과거의 감정을 살펴보고 훌훌 털어버리며 이겨 낼 수 있는 자원을 가지고 있음이 보인다.

9) 선물상자

준비물

다양한 종류의 잡지, 가위, 풀, 사인펜, 여러 가지 색상의 도화지

기대목표

자신의 욕구를 이해하고 긍정적인 변화를 인식한다.

미술활동

① 가지고 싶은 것이 무엇인지 생각하는 시간을 가진다.

② 도화지를 길게 잘라 병풍 접기를 한다.

③ 잡지 속에서 원하는 이미지를 잘라 붙인다.

④ 완성된 작품을 감상한 후 선물에 대하여 이야기를 나눈다.

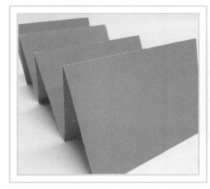

미술심리재활 적용

- 내담자가 자신에게 주고 싶은 선물을 표현하게 함으로써 자신에게 필요한 내적·외적 욕구가 무엇인지 알아볼 수 있다.

- 잡지 속에서 마음을 움직이는 이미지를 선택하여도 되고, 물질적인 것이 아니더라도 필요한 것이 무엇인지 탐색하는 시간을 가져보는 것도 좋다.

- 치료사가 내담자에게 주고 싶은 선물을 표현하는 것도 좋으며, 집단에서 활용할 시에는 상대방에게 주고 싶은 선물에 대하여 이야기를 나누어 볼 수 있다. 이러한 집단 구성원 간의 피드백을 통해 긍정적 상호작용을 유도할 수 있다.

사례

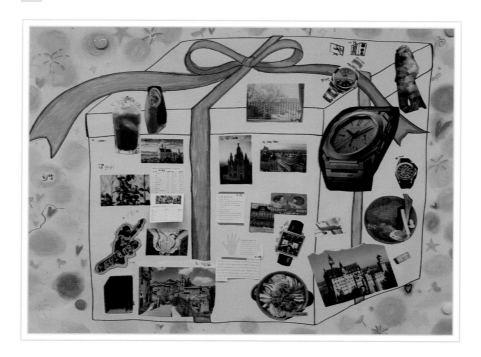

　중학교 3학년 학생들의 집단작품이다. 집단 구성원들이 각자 주고 싶은 선물이나 받고 싶은 선물을 표현하였다. 서로에게 필요한 것이 무엇인지에 대한 이야기를 나누었으며, 집단 구성원이 자신에 대해 관심을 갖고 붙여 준 선물을 보며 소속감을 느낄 수 있었다고 하였다. 또한 집단 구성원 간의 피드백을 통해 긍정적 상호작용을 하는 모습이 관찰되었고, 상자 안에 선물들을 가득 채우고 나니 실제로 선물을 받은 것 같기도 하고 진짜 받을 거라는 기대감도 든다고 하였다.

제4장

오브제

1. 오브제의 특성

오브제(Objet)란 일상생활에 쓰이는 모든 재료로서, 물체가 지닌 용도와 기능의 의미를 잃고 새로운 물체성을 가지고 미술 작품에 접목시키거나, 그 자체에 의미를 부여하여 작품화시키는 것을 의미한다(김영규, 서성교, 2014).

미술치료에서 사용되는 오브제는 입체매체 중 건식매체로서 우드락, 수수깡, 비누, 철사, 종이, 모루, 상자, 생활용품, 재활용품 등 쓰이는 기법에 따라 다양하게 응용되고 있으며, 부조 또는 입체적 표현에 사용되고 있다.

오브제가 가지고 있는 각각의 상징적 의미로 인해 억제되어 있던 무의식의 심상을 나타내는 작업을 할 수 있으며, 본래의 의미

를 벗어난 새로운 의미로서의 재창조 작업은 자신에 대한 잠재력을 이끌어 내어 긍정적 자기 확대의 경험을 할 수 있게 한다(이정아, 2006). 또한 작품 속 오브제의 변화 과정을 통해 자신의 감정이 투사되어 내면의 갈등을 조정하고 통합하여 자기치유의 과정을 통해 승화의 경험을 할 수 있다.

2. 오브제를 활용한 기법 연구 및 실습

1) 손 본뜨기

준비물

검은색 하드보드지, 와이어 전구, 화이트 펜, 색연필, 글루건

기대목표

신체를 통해 자신의 장점을 찾음으로써 긍정적 자아상을 형성한다.

미술활동

① 검은색 하드보드지 위에 손을 올려놓고 흰색 연필색연필로 본을 뜬다.

② 본을 뜬 손의 모양을 따라 와이어 전구를 글루건으로 붙인다.

③ 손 주변에 자신의 장점을 화이트 펜으로 적는다.

④ 바탕에 그림이나 이미지로 자신을 표현한다.

미술심리재활 적용

- 부모와 자녀 사이 혹은 집단에서는 상대방의 손을 서로 본떠 주면서 친밀감을 형성하고 상호작용을 할 수 있는 기회를 제공할 수 있다.

- 내담자가 자신의 장점을 찾기 어려워하는 경우 자신을 탐색할 수 있는 시간을 주고, 그래도 찾기 어려워한다면 치료사가 내담자에게 느끼는 장점을 표현해 주는 것도 좋다.

- 내담자의 장점을 표현할 때는 현실적으로 와 닿을 수 있게 구체적으로 표현하도록 한다.

• 현재의 장점뿐만 아니라 자신이 가지고 싶은 장점을 적어 봄으로써 긍정적 미래상을 형성할 수 있다. 이때 강점 카드를 활용하면 내담자가 쉽게 접근할 수 있다.

사례

　자신의 장점을 표현한 중학생들의 손 본뜨기 작품이다. 서로의 손을 본뜨며 즐거워하였고, 자신의 장점에 대해서 이야기를 나누며 적극적으로 표현하였다. 완성한 후 전구에 불이 들어오는 모습을 보고 신기해하며 자신의 작품에 큰 만족감을 나타내었다.

2) 마트료시카

준비물

마트료시카, 아크릴물감, 붓, 물통,
연필, 지우개

기대목표

자신의 여러 가지 모습을 탐색함으
로써 자신을 이해하고 자아를 통합하
도록 한다.

미술활동

① 자신이 가지고 있는 여러 가지 모습에 대해 생각해 본다.

② 마트료시카의 가장 바깥쪽에는 다른 사람들이 아는 나의 모습을 표현하고, 안
　　으로 들어갈수록 나만이 알고 있는 나의 모습을 표현한다.

③ 작품을 완성한 후 제목을 정하고 이야기를 나눈다.

▶ 마트료시카의 맞물리는 부분이 잘 맞지 않을 경우에는 사포를 사용하여 갈아 주어야 한다.

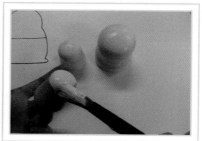

미술심리재활 적용

- 표현된 부분 하나하나가 중요한 의미를 내포하고 있으며, 여러 가지 모습이 합쳐져 통합된 자아를 형성하게 된다. 치료사는 내담자와 작품에 대해서 구체적으로 이야기를 나누어 내담자가 자기 자신을 통합적으로 바라볼 수 있도록 도와야 한다.

- 바깥쪽의 표현된 부분은 다른 사람들에게 보여지는 모습으로 내담자에 따라 가장 편하게 표현한 부분일 수도 있고, 혹은 내면의 모습과 다른 모습이 드러내어진다는 것에 불편한 마음을 느낄 수도 있다. 다른 사람들이 보는 사회적 모습이 자신에게 어떠한 의미를 주는지, 표현된 여러 가지 모습 중 자신의 어떤 모습이 보여지고 싶은지에 대해서 이야기를 나누며 사회적 욕구를 탐색해 볼 수 있다.

- 가장 안쪽의 표현된 모습은 내담자 자신의 깊숙한 곳에 자리 잡은 자아로 이를 탐색하고 표현하는 것은 자신의 정체성을 찾아가는 과정이다.

- 내담자가 자신의 모습을 구체적으로 그리기 어려워하는 경우 상징이나 색으로 표현하여도 괜찮다. 또한 내담자에 따라 자신의 모습에 대한 표현이 어려운 경우 '직장 동료가 보는 내 모습', '친구가 보는 내 모습', '부모님이 보는 내 모습' 등 구체적인 주제를 제시할 수도 있다.

사례

　'나의 모습'을 마트료시카로 표현한 초등학교 5학년 여자 아동의 작품이다. 겉으로 보여지는 모습으로 시작하여 안으로 들어갈수록 내담자만이 아는 자신의 모습을 색감과 얼굴 표정으로 표현하였다. 다양한 표정의 자신이 있지만, 겉으로 보여지는 모습은 항상 웃는 표정이라고 말하면서 선생님과 친구들이 보는 자신의 모습이라고 하였고, 가장 안쪽은 혼자 있을 때 아무 표정 없이 있는 모습이라고 하였다. 제일 마음에 드는 마트료시카는 가장 안쪽에 있는 것으로 작고 귀여워 아기 같다고 하며 좋아하였다. 아기 때는 자신이 원하는 것은 모두 다 해 주고 힘든 것도 없고 항상 행복했던 것 같다고 하며 다시 그때로 돌아가고 싶다고 하였다. 내담자의 내면에는 관심과 사랑을 바라는 퇴행적 욕구가 많이 내재되어 있는 것으로 보인다.

3) 군상화

준비물

색종이, 우드락, 사인펜 또는 네임펜, 가
위, 풀

기대목표

집단 구성원들과의 활발한 상호작용을
유도하고 사회성을 향상시킨다.

미술활동

① 집단 구성원이 상의하여 함께 완성할 구조물을 만든다.

② 색종이에 이미지를 그린 후 가위로 오린다.

③ 오려 낸 이미지에 자신이나 집단 구성원에게 전하고 싶은 메시지를 적는다.

④ ①의 구조물 위에 메시지를 적은 이미지를 붙인다.

⑤ 작품을 완성한 후 소감 나누기를 한다.

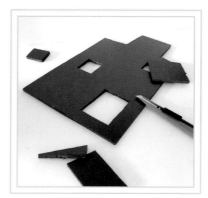

미술심리재활 적용

• 집단 구성원이 함께 완성할 구조물은 서로 상의를 통하여 주제를 정하거나, 치료
  사가 집단 구성원의 특성을 고려하여 주제를 제시한다.

• 메시지를 표현할 때 부정적인 내용은 피하고 긍정적인 내용을 표현할 수 있도
  록 유도한다.

• 집단화는 작품을 분석하는 데 의미가 있지 않으며, 활동하는 과정에서 구성원
  간의 상호작용에 의미가 있다. 치료사는 소외된 구성원이 생기지 않도록 주의
  를 기울여 소속감을 느낄 수 있도록 도와야 한다.

사례

사례

중학생들의 '목표를 향하는 우리들'이라는 제목의 군상화 작품이다. 집단 구성원은 목표를 향해 가는 모습을 표현하기 위해 계단의 구조물을 만들어 주었다. 오려 낸 이미지에 자신이나 친구들에게 해 주고 싶은 말, 듣고 싶은 말을 적고 서로에게 보여 주며 즐겁게 상호작용을 하는 모습이 관찰되었다. 구조물에 자신의 이미지를 표현함으로써 현재 자신의 위치에 대해서도 생각하게 되고, 모두가 함께 있는 것에 대한 소속감을 가질 수 있는 시간이 되었다.

4) 감정 색소금

준비물

굵은 소금, 파스텔, 유리병, 유성 매직

기대목표

- 소금을 문지르는 행위를 통해 긴장을 이완하고 스트레스를 해소한다.
- 감정 색소금을 통해 다양한 자신의 감정을 인식하고 표현한다.

미술활동

① 소금을 만져 보고 떨어트려 보기도 하면서 매체를 탐색한다.

② 현재 자신의 감정에 대해 생각할 시간을 가진다.

③ 가장 먼저 생각나는 감정의 색을 선택하여 종이 위에 충분하게 칠한다.

④ 색이 칠해진 종이 위에 소금을 올려놓고 손으로 소금을 문질러 색을 입혀 준 후 병에 옮겨 담는다.

⑤ ③과 ④의 과정을 반복하여 병을 채워 본다.

⑥ 색소금이 담긴 병에 각각의 색마다 감정의 이름을 적어 준 후 이야기를 나눈다.

▶ 색소금을 만들 때 플라스틱 칼을 이용하여 원하는 색의 파스텔을 갈아서 색을 섞는 방법도 있다.

미술심리재활 적용

- 감정 색소금을 만드는 과정에서 파스텔로 색을 칠하고, 소금을 문지르는 행위 자체에서 심리적 카타르시스를 느낄 수 있다. 또한 창의적으로 표현된 작품을 통해 내담자에게 성취감을 줄 수 있는 활동이 된다.

- 이 활동은 자신의 전체적인 감정 표현과 세분화된 감정 표현이 가능하다. 표현된 감정들을 하나씩 탐색해 보아야 하며, 전체적인 감정 중 가장 많은 부분을

차지하는 감정이 현재 내담자에게 어떠한 영향을 주고 있는지에 대해서 이야기를 나눌 수 있다.

- 감정 색소금을 만들 때 병 아래쪽 부분에 마음속 가장 깊은 곳에 있는 감정부터 겉으로 나타나는 감정의 순서로 표현하여 감정의 깊이를 탐색할 수 있다.
- 감정에는 옳고 그름이 없으므로 내담자가 어떠한 감정을 표현하더라도 치료사는 무조건적인 수용의 자세를 취해야 한다.

사례

'남자 친구와의 싸움'과 '시험기간 중 마음'을 감정 색소금으로 표현한 14세 여자 중학생의 작품이다. 내담자는 남자 친구와 싸우고 나서는 혹시나 헤어질지 몰라 슬픈 감정이 생기고, 사과하고 싶지만 말하지 못하는 자신의 소심함이 보인다고 하였다. 하지만 다시 남자 친구와 화해하고 나면 행복한 감정이 크다고 하며 분홍색 감정의 소금으로 표현하였다. 다른 하나의 병은 '시험기간 중 마음'으로 시험으로 걱정되어 예민해진 자신의 까칠한 감정을 표현하고, 자신의 마음을 몰라주는 부모님에게 화가 나는 분노의 감정을 표현하였다. 그래도 시험이 끝나면 친구들과 즐겁게 놀 수 있어서 기쁜 마음을 가장 마지막에 표현한 것이라고 하였다. 완성된 두 작품을 보고 자신의 마음을 예쁜 색으로 표현하고 나니 힘들어도 좋은 결과가 나오는 것 같다며 만족감을 나타내었다.

5) 밀가루 인형

준비물

밀가루, 투명 비닐 팩, 유성 마커, 다양한 오
브제(털실, 한지, 단추 등)

기대목표

밀가루의 부드러운 촉감적 경험을 통하여 심
리적 안정감을 경험하고 내적 표상을 표현할 수
있다.

미술활동

① 쟁반 위에 뿌려 놓은 밀가루를 만져 보며 탐색한다.

② 투명 비닐 팩에 밀가루를 충분히 채워 넣어 밀봉한다.

③ 밀가루가 든 비닐 팩을 상하 부분으로 나누어 끈으로 묶어서 입체적 모양을 만
　들어 준다.

④ 털실이나 한지 등의 오브제를 사용하여 인형의 모습을 꾸며 주고, 유성 마커로
　얼굴을 표현하여 준다.

⑤ 완성된 작품의 제목을 정하고 이야기를 나눈다.

미술심리재활 적용

- 밀가루를 문지르고, 뭉쳐 보고, 뿌려진 밀가루에 손가락으로 그림을 그려 보기도 하며 밀가루의 부드러움을 충분히 느낄 수 있을 만큼의 탐색 활동을 하여야 한다.

- 밀가루의 촉감적 경험은 심리적 퇴행을 촉진하게 하여 애착의 대상을 표현하는 경우가 많다. 실제적 형태로 나타난 애착 대상의 표현을 통해 심리적 안정감을 얻을 수 있으며, 그 대상에 대한 깊은 탐색을 할 수 있다.

- 밀가루 인형의 치료적 효과는 모자 상담 시 애착 관계 형성에 도움이 된다.

- 다양한 감정의 표현과 자기표현을 촉진하기 위해 완성된 인형으로 역할극을 진

행하여 볼 수도 있다.

사례

11세 여자 아동의 밀가루 인형 작품이다. 내담자는 밀가루의 촉감이 너무 부드럽다고 하며 오랜 시간 동안 밀가루 탐색 활동을 하였다. 투명 비닐 팩에 밀가루를 담으면서 만화영화에서 보았던 라푼젤로 만들고 싶다고 하며 머리카락을 길게 붙여 주고 눈과 입을 표현하였다. 한참을 바라보다가 마녀로 바꿔서 만들고 싶다고 하며 모자, 옷, 빗자루를 만들어 주었다. 라푼젤이 성에 갇혀 있다가 마

녀를 속이고 마녀로 분장해서 빗자루를 타고 도망가는 모습이라고 하였다. 내담자는 과도한 휴대전화 사용으로 어머니와 잦은 갈등 관계에 있다며, 밀가루 인형 작품을 통해 심리적 갈등 관계를 벗어나고 싶어 하는 마음을 표현한 것으로 보인다.

6) 소망나무

준비물

도화지, 다양한 종류의 종이 오브제, 가위, 글루건, 드로잉 매체

기대목표

• 미래에 대한 소망을 표현함으로써 긍정적 기대감을 가질 수 있다.

• 종이매체의 다양한 활용 방법을 통해 창의력을 향상한다.

미술활동

① 도화지에 자신의 나무를 그린다.

② 한지를 손으로 구겨 줄기부터 붙인다.

③ 나무의 수관을 꾸며 주고, 열매에는 소망을 적어 붙여 준다.

④ 작품의 제목을 정하고 이야기를 나눈다.

미술심리재활 적용

• 나무는 자신을 나타내는 상징물로 치료사는 내담자가 소망나무를 표현할 때 튼
튼하게 표현할 수 있도록 도와 자신에 대한 긍정적인 상을 가질 수 있도록 하는
것이 좋다.

• 소망을 표현할 때는 최대한 구체적으로 표현할 수 있도록 하며, 소망나무의 뿌

리 또는 줄기 부분에 내담자의 장점을 적는 방법도 좋다. 이러한 과정은 내담자가 자신의 긍정자원을 인식하여 미래에 대한 소망을 구체화시키기에 더욱 효과적이다.

- 내담자가 어떠한 소망을 표현하더라도 치료사는 무조건적으로 수용해 주어야 하며, 소망의 내용이 추상적일 경우 현실적인 방향으로 생각할 수 있도록 상담을 이어 나가야 한다.

- 자신을 상징하는 소망나무를 바라보며 소망을 이루기 위한 구체적인 방법에 대해 생각해 보고, 실행할 수 있는 계획들을 세워 본다.

사례

대학생 집단이 표현한 소망나무이다. 줄기 부분은 스크래치 종이를 사용하여 작은 조각들로 나누어서 집단 구성원의 장점을 각자 표현하여 조각을 이어 완성하였다. 수관은 습자지를 구겨서 풍성하게 표현하였고, 소망을 적은 열매는 집단 구성원이 스스로 재료를 선택하였으며, 습자지를 둥글게 말아 표현하거나 스크래치 종이를 사용하여 표현하였다. 소망의 열매를 표현한 후 배경에는 풀, 구름, 무지개, 폭죽을 자발적으로 꾸며 주었다. 활동 초반에는 구성원들이 주저하는 듯 보였으나 작품이 완성되어 감에 따라 적극적으로 활동하였고, 완성한 후 모두 만족감을 나타내었으며, 집단 구성원 간의 활발한 상호작용이 관찰되었다.

7) 이쑤시개 부조

준비물

이쑤시개, 스티로폼(매직블록, 아이소핑크 등)

기대목표

- 내면의 공격성을 표출하고 심리적 카타르시스를 경험한다.
- 단순하고 반복된 활동을 통해 집중력을 향상시킨다.

미술활동

① 이쑤시개를 꽂아서 표현하는 활동으로 표현하고 싶은 주제를 생각한다.

② 밑그림을 그리고 형태를 잡아 가며 이쑤시개를 꽂아 준다.

③ 완성된 작품을 다양한 각도로 감상한다.

④ 작품의 제목을 정하고 이야기를 나눈다.

미술심리재활 적용

• 뾰족한 물체로 찌르는 행위는 내적 공격성의 표출로서 이쑤시개 부조 활동 과
  정은 내담자의 공격성을 안전한 방법을 통해 표출해 낼 수 있도록 하여 스트레
  스 해소에 도움이 될 수 있다.

• 이쑤시개를 꽂는 활동 과정에서 내담자의 심리가 작품에 투사되는데, 공격적
  에너지가 내부로 향하는지, 외부로 향하고 있는지에 따라 내담자가 부정적 감
  정을 어떻게 다루는지에 대한 탐색을 함께 해 볼 수 있다.

• 내담자의 감정이 투사된 작품을 다양한 각도로 감상하는 과정은 자신의 문제를
  다각도에서 바라볼 수 있는 조망권을 제공하여 줄 수 있다.

• 스티로폼은 두꺼운 것을 사용해야 하며, 이쑤시개뿐만 아니라 스티로폼에 꽂을
  수 있는 다양한 재료를 준비하여서 작품의 완성도를 높여 주어 작품에 대한 성
  취감을 줄 수 있다.

사례

별거 중인 40대 주부의 이쑤시개 부조 작품이다. 내담자는 하얀색 스티로폼을 보고 너무 깨끗해 보여서 찌르기 미안하다고 하였다. 한동안 바라보다가 조심스럽게 활동을 시작하였고, 이내 재미있다고 하며 집중하여 작품 활동을 하였다. 초록색 이쑤시개를 보고 풀밭이 연상된다고 하며 붉은색 시침 핀으로 꽃을 표현하고 하늘에 떠다니는 민들레 꽃씨를 표현하였다. 작품의 민들레 꽃씨를 보니 어디에도 기댈 곳 없이 떠다니는 자신의 처지 같다고 하였다. 남은 스티로폼 조각으로 하트 모양을 만들고 색칠하여 작품에 붙여 주고 마지막으로 시침 핀 몇 개를 꽂아 주었다. 완성된 작품이 예뻐 보이지만 어쩐지 안쓰러워 보인다고 하였다. 내담자는 이쑤시개 부조 작품을 통하여 투사된 자신의 감정을 바라보았다.

8) 비누 조각

준비물

비누, 조각도

기대목표

비누 조각 작품을 통해 집중력을 강화시키고 완성도 높은 작품을 통해 성취감을 경험한다.

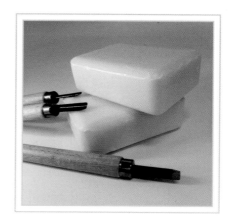

미술활동

① 비누의 색감, 질감, 향을 탐색하여 표현하고 싶은 이미지를 종이 위에 자세히 그린다.

② 비누의 넓은 면에 조각도를 사용하여 밑그림을 그린다.

③ 넓은 면부터 크게 깎아 주며 기본적인 모양을 잡아 준다.

④ 기본적인 모양이 잡힌 후 세밀한 부분을 조각하여 준다.

⑤ 완성된 작품의 제목을 정하고 이야기를 나눈다.

미술심리재활 적용

• 비누는 무른 성질을 가지고 있어 조각하기 쉬운 재료이며, 아동부터 노인까지 폭넓게 사용할 수 있고, 완성된 작품을 통해 성취감을 줄 수 있다.

• 비누는 자신의 쓸모를 다하기 위해 마모되고 닳아서 없어지게 된다. 내담자의 심상이 투사된 비누를 조각하여 새로운 작품으로서 쓰임의 의미는 내담자에게 긍정적인 자기 인식의 기회를 제공해 줄 수 있다.

• 비누 조각의 입체적 형태는 내담자의 심리적 문제를 다각적 관점에서 생각해 볼 수 있도록 해 준다. 치료사는 내담자가 작품을 다양한 시각으로 감상하게 하여 이야기를 나누어 볼 수 있도록 한다.

사례

대학생 집단의 비누 조각 작품이다. 집단 구성원들은 비누를 보고 무엇을 만들어야 할지 모르거나, 혹시나 잘못 조각하면 작품이 망가질까 봐 머뭇거리기도 하였다. 구성원들이 편안하게 시작할 수 있도록 연습용 비누 조각을 제공하였다. 비누 조각이 쉽게 조각되는 형태를 보며 자신감을 가지고 시작하였고, 한 구성원은 연습용 비누로 조각한 형태가 마음에 든다고 하며 작품 활동에 집중하였다. 캐릭터, 휴대전화, 콘서트 티켓 등 다양한 작품을 완성하였다. 같은 비누라도 각기 다르게 완성된 작품들이 각자의 개성을 잘 나타내고 있는 것 같다고 하였다. 또한 자신이 보는 시각과 타인의 시각이 다를 수 있다는 것을 알게 되었다고 하였다. 집단 구성원들은 작품에 관련한 이야기로 상호작용을 하면서 서로에 대해서 몰랐던 것들을 알아가는 의미 있는 시간이 되었다고 하였다.

9) 장점상자

준비물

종이상자, 아크릴물감, 네임펜, 다양한
꾸미기 재료

기대목표

자신의 장점을 발견하여 긍정적 자아의
힘을 키운다.

미술활동

① 상자를 자신이라 생각하고 어떻게 표현할지 생각해 본다.

② 원하는 색상의 아크릴물감으로 상자를 칠해 준다.

③ 다양한 꾸미기 재료를 사용하여 상자를 꾸며 준다.

④ 매 회기 자신의 장점을 적은 메시지를 담아 준다.

⑤ 장점상자 안의 장점들을 하나씩 꺼내어 읽어 본다.

미술심리재활 적용

- 상자는 내용물을 봉하여 외부의 위협적인 것들로부터 안전한 공간을 제공해 주며, 상징적인 내부 공간을 창조하여 자신의 내적 세계를 담아 통합할 수 있는 장을 마련해 준다(전순영, 2011). 장점상자는 자아존중감이 부족한 내담자에게 자기치유의 경험을 제공해 줄 수 있으므로 상자의 외부와 내부 모두 표현할 수 있도록 한다.

- 현장에서 장점 찾기를 할 때 의외로 내담자가 자신의 장점을 찾기 어려워한다. 이때 사용하기 좋은 기법으로 매 회기마다 내담자와 치료사가 장점을 하나씩 적어서 넣어 주면 장점들이 점차 모여 내담자에게 긍정적 자아상을 줄 수 있다.

- 장점을 적을 때는 최대한 구체적으로 적을 수 있도록 하여 내담자에게 와 닿을 수 있도록 하고, 치료사는 현실에서 어떤 경우에 이러한 장점들을 느끼는지, 최근에 이러한 감정을 느꼈는지를 물어봐 주는 것이 좋다.

사례

　가정에서의 애정 부족으로 또래관계에 어려움을 가지고 있는 8세 남자 아동의 작품이다. 내담자는 작품의 왼쪽 상자에 자신의 가족을 그려 주고, 클레이를 사용하여 풀밭과 나비, 상자의 버튼을 표현하여 주었는데, 이는 애정적 돌봄을 원하고 있는 내담자의 내적 욕구로 보여진다. 상자 완성 후 장점을 적을 때는 많이 주저하였으나, 치료사가 적어 준 장점을 읽어 보고 쑥스러워하며 상자 안에 넣어 주었다. 내담자는 자신의 상자가 있음을 만족해하며 매 회기마다 치료사에게 보여 주었고, 상자 안에 넣어 두었던 자신의 보물들과 만들었던 작품들, 가족에게 받은 장점들을 자랑하기도 하였다. 회기 종결이 다가와 모아 놓았던 장점들을 하나씩 꺼내 치료사와 함께 읽고, 마음에 드는 장점을 모아 큰 도화지에 붙여서 장점들의 영양분으로 크는 나무인 성장나무 활동을 하였다.

　내담자는 자신의 장점들과 완성된 작품을 보며 뿌듯해 하였고, 앞으로 여기에 많은 장점을 써서 붙여 줄 수 있을 것 같다고 하였다. 내담자는 상자 내부에 자신의 장점들과 만든 작품을 담으며 자신에 대해 소중함을 느꼈으며, 희망적인 미래에 대한 기대감을 나타내는 시간이 되었다.

10) 고무판화

준비물
고무판, 조각도, 롤러, 스탬프잉크, 도화지

기대목표

- 소근육 발달을 촉진하고 주의집중력을 향상시킨다.
- 판화 작품을 통한 다각적 시점은 문제해결력을 향상시킨다.

미술활동
① 고무판에 밑그림을 그린다. 판화는 찍어 낸 형태의 좌우가 바뀌므로 찍히는 모양을 생각하여 그린다.
② 조각칼을 이용하여 찍히는 부분(양각·음각)을 생각하며 파낸다.
③ 고무판의 조각들을 털어내고 롤러에 잉크를 골고루 묻혀 도화지에 여러 장 찍는다.
④ 완성된 작품의 제목을 정하고 이야기를 나눈다.

미술심리재활 적용

- 판화는 이미지를 찍어 내는 행위로서 대상을 직접적으로 보여 주면서도 흔적을 나타낸다(권순왕, 2013). 또한 판화는 여러 장을 찍어 낼 수 있고, 찍어 낼 때마다 조금씩 다른 시각적 효과를 경험할 수 있다. 하나의 이미지를 새롭게 바라본다 는 것은 사고의 전환 과정으로 자신의 문제를 다양한 관점에서 바라볼 수 있게 하여 줄 수 있다.

- 칼로 고무판을 파내는 활동은 내적 공격성의 표출로 심리적 카타르시스를 경험 할 수 있게 한다.

- 조각도가 날카로워 주의하도록 안내하며, 본 활동을 하기 전에 여분의 고무판 에 연습한 후 익숙해졌을 때 사용하는 것이 좋다.

- 고무판 이외에도 쉽게 파낼 수 있는 우드락이나 좀 더 견고한 목판화도 있다.

사례

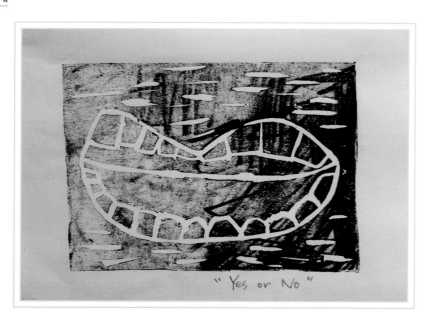

" Yes or No "

  13세 여자 아동의 'Yes or No'라는 제목의 고무판화 작품이다. 내담자는 얼마 전 별일 아닌 일로 친구랑 싸워 단체 문자에 자신을 험담하는 내용이 올라와 상처를 받았다고 하였다. 하지만 자신의 잘못도 있는 것 같아 아무 말도 하지 못했다고 하였다. 작품의 입은 자신을 험담하는 친구를 표현한 것으로 이가 자신을 물어 버릴 것 같다고 하였다. 고무판에 잉크를 묻혀 여러 장을 찍어 내고, 남아 있는 고무판에 아크릴물감으로 색을 칠하였다. 두 작품을 보고 같은 입이지만 다르게 보이는 것 같다고 하였다. 내담자는 친구와 싸운 것은 서로 잘못한 일이지만 친구들에게 일방적으로 자신의 얘기를 나쁘게 하는 건 잘못된 것 같다고 하며, 싸운 친구와 이야기를 해 보아야겠다고 하였다. 내담자는 고무판화 활동을 통해 자신의 문제를 새롭게 인식할 수 있는 계기가 되었다.

11) 신문지 놀이

준비물

신문지

기대목표

- 자유로운 활동을 통해 스트레스를 해소한다.
- 감정의 발산을 통해 문제해결 과정을 습득한다.

미술활동

① 신문지를 원하는 만큼 자유롭게 구기거나 찢는다.

② 찢어진 신문지를 위로 들어 올려 뿌리기 놀이를 한다.

③ 신문지를 뭉쳐 과녁 맞히기 또는 골대에 던져 넣기를 한다.

④ 신문지 격파놀이를 한다.

⑤ 신문지를 뭉쳐 테이프를 붙여 가며 원하는 모양을 만들어 준다.

▶ 신문지를 활용한 다양한 놀이를 한다.

미술심리재활 적용

- 놀이는 인간의 고유한 본질적 속성으로 몰입의 즐거움을 얻게 되어 내면의 표출과 감정의 통합을 통해 문제해결 과정을 습득하게 된다(정유미, 전순영, 2016). 신문지의 가장 큰 장점은 저렴하여 죄책감 없이 놀이를 통해 안전한 방법으로 감정의 발산을 도울 수 있다.

- 신문지는 쉽게 찢어지고 구길 수 있어 소근육 발달에 도움이 되며, 또래나 가족이 함께 활동하는 경우 애착 관계 증진과 협동심을 기를 수 있다.

- 신문지 활동을 통해 스트레스를 표현했던 감정의 잔해인 신문지로 조형적 형태를 만드는 활동은 내담자에게 죄책감을 덜어 주고 성취감을 주어 승화의 경험을 할 수 있도록 돕는다. 뭉쳐진 신문지에 꾸미기 재료를 활용하여 공이나 방망이, 인형 등 다양한 만들기 활동을 할 수 있으며, 신문지 종이죽으로 부조 또는 가면 만들기 등으로 응용할 수 있다.

사례

어머니와의 관계에서 불안감을 호소하는 9세 남자 아동의 신문지 놀이 눈사람 작품이다. 활동 과정에 대해서 설명을 들은 후 내담자는 조심스럽게 신문지를 찢어 주었다. 치료사가 과감하게 활동하는 과정을 보여 주며, 자유롭게 활동할 수 있도록 지지해 주었다. 이내 내담자는 처음 시작할 때와는 다르게 과감하게 활동을 이어 나갔고, 신문지 찢는 소리가 바람 소리 같다고 하며 입으로 '슝슝' 소리를 내면서 여러 장의 신문지를 찢어 주었다. 바람이 불 때는 신문지 조각이 전부 날아갈 것 같다고 하여 치료사가 어떨 때 바람이 불 거 같은지 물어보자, 어머니가 큰 소리로 화를 낼 때 꼭 강한 바람이 부는 것 같다고 하였다. 내담자는 힘들었던 일이나 스트레스를 받는 상황을 생각하며 여러 가지 신문지 놀이로 부정적 감정을 쏟아 내었다.

내담자가 원하는 시간 동안 신문지 놀이 후, 찢어진 신문지를 뭉쳐 동그란 모양을 두 개 만들고 하얀색 물감을 칠해 눈사람을 만들어 주었다. 내담자는 눈이 많이 오는 날에 가족과 함께 큰 눈사람을 만들고 싶다고 하며 밝게 미소 지었다. 내담자는 신문지 놀이를 통해 부정적 감정을 해소하였으며, 이로 인해 가족과 행복한 시간을 가지고 싶어 하는 애정 욕구를 표현하였다.

제5장

모델링 매체 Ⅰ (가면)

1. 모델링 매체 Ⅰ(가면)의 특성

가면(Mask)은 사람, 동물, 신의 얼굴 모양을 본떠서 머리에 쓰고 특정한 목적과 용도를 가지고 사용되는 것이다. 가면은 원시시대 수렵 생활을 하던 원시인들의 변장용으로 사용되기 시작한 것으로 추정되며, 위협적인 상황에서 보호받기 위한 주술적인 기능이나 호신과 위협을 목적으로 착용되었다(전순영, 2011). 이후 연극이나 무용의 분장

도구로 발전하여, 인간의 감정을 표현하는 조형적·심리적 측면으로 활용되고 있다.

카를 융(Carl Jung)은 가면을 쓴다는 것은 신화적인 존재와의 결합으로 자기와 무의식의 실체인 원형 사이의 교환을 통해 새로운 존재로서의 변신을 가능하게 한다고 하였다(이원향, 최성규, 2007). 집단정신의 한 단면인 페르소나는 외계와의 적응을

위해 형성된 것으로(이부영, 2015), 사회적 존재인 인간은 페르소나의 측면을 무시해서는 안 되며, 여러 인성과의 균형과 조화를 이루는 것이 중요하다. 즉, 가면을 착용한 사람은 간접 경험을 통한 무의식의 탐색으로 자신의 다른 자아를 발견하게 되고, 내적 조화를 이룰 수 있으며, 회피하고 싶었던 모습을 만나게 하여 자신을 탐색할 수 있다(전경욱, 1998). 이런 가면의 상징적인 의미는 자신을 치유할 수 있는 수단으로의 의미가 있다.

미술치료 현장에서는 사람 탈 가면, 파티 가면, 동물 가면 등 기본적인 형태가 있는 가면부터 종이매체나 점토매체를 활용하여 만들 수 있는 가면 등이 있으며, 내담자의 심리적 문제를 고려한 미술치료 기법에 따라 다양하게 사용할 수 있다.

2. 모델링 매체 I (가면)을 활용한 기법 연구 및 실습

1) 소중한 나의 모습

준비물

종이 가면, 아크릴물감, 붓

기대목표

자신의 소중함을 인식함으로써 긍정적인 자아인식감을 돕는다.

미술활동

① 종이 가면을 보고 떠오르는 형상을 생각해 본다.

② 원하는 모양의 밑그림을 그린다.

③ 아크릴물감을 사용하여 채색한다.

④ 완성된 작품의 제목을 정하고 이야기를 나눈다.

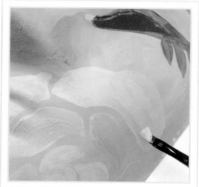

미술심리재활 적용

• 자신의 모습이 투영된 가면의 형상에 소중한 의미를 부여하는 과정은 평소에
외면되어 있던 자신에 대한 돌봄의 시간을 가질 수 있게 해 준다. 가면을 앞에

두고 자신에게 하고 싶었던 말들을 해 주는 과정도 도움이 된다.

• 인간은 사회 속에서 다양한 타인과 부딪히며 자신에 대한 깊은 사색보다는 타인의 모습에서 투영된 자신을 보며 진정한 모습을 잊고 살게 된다. 가면에 나타난 모습은 평소에 인식하지 못했던 자신의 잠재된 힘을 만날 수 있게 해 준다.

사례

30대 이주여성의 소중한 나의 모습 작품이다. 내담자는 가면의 붉은색 바탕에 여러 가지 꽃무늬를 그려 주었고, 눈과 입술을 노란색으로 표현하며 '웃는 내 모습'이라는 제목을 붙여 주었다. 내담자는 결혼으로 한국에 오게 되었고, 남편과 사별한 후 장애가 있는 딸과 시부모님과 함께 살고 있다. 결혼 전 기대와는 다른 현재 상황을 보며 앞으로 어떻게 살아야 할지 막막하다고 하였다.

내담자는 완성된 가면을 보고 예쁘다고 하며 결혼식 때 전통 혼례복을 입고 행복하게 웃던 모습이 생각난다고 하면서 자기 이름을 부르며 힘내라고, 괜찮다고 말하였다. 내담자는 현재 힘들기는 하지만, 사랑하는 딸을 생각하며 미래를 위해 기술을 배우고 직장도 다니면서 열심히 살아야겠다고 하였다.

2) 두 개의 얼굴

준비물

종이봉투, 사인펜, 색연필, 연필, 다양한 오브제(폼폼이, 색종이 등)

기대목표

가면의 이중적인 이미지에 대한 탐색을 통해 내적 갈등을 이해하고 통합할 수 있다.

미술활동

① 종이봉투의 앞뒷면에 표현하고자 하는 이미지를 그려 준다.

② 눈이나 입 등의 원하는 부분을 오려 낸다.

③ 다양한 재료를 사용하여 가면의 모양을 꾸며 준다.

④ 완성된 가면의 제목을 정하고 이야기를 나눈다.

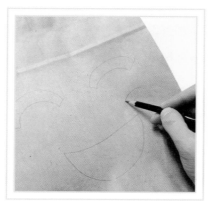

미술심리재활 적용

- 활동하기 전 자신이 가지고 있는 양면의 모습을 충분히 탐색할 수 있는 시간을 가진다.

- 진정한 자신의 모습이 무엇인지에 대한 고뇌는 인간을 힘들게 한다. 가면의 서로 다른 모습은 내면에 존재하는 서로 다른 자아의 갈등을 표현하여 자신의 모습을 통찰할 수 있게 해 줄 수 있다.

- 가면을 거울에 비추어 두 가지 모습을 함께 보며 이야기를 나눌 수 있다. 이러한 과정은 내담자에게 자신의 양면의 모습을 함께 볼 수 있는 기회를 제공하여 줄 수 있다.

- 사람에게는 여러 가지 모습이 있으므로 한 가지 모습에 단정 짓지 말고 상황에 따라 달라질 수 있음을 내담자에게 알려 주어 이를 수용하고 통합할 수 있도록 도와준다.

- 가면은 직접적인 자신의 문제가 보호되는 안전함을 제공한다(임형준, 2003). 내적 대상의 통합이 이루어져 있지 않은 유아동인 경우, 치료사와 내담자의 가면 놀이를 통해 대상에 대한 심리적 갈등을 안전하게 표현할 수 있도록 도울 수 있다.

사례

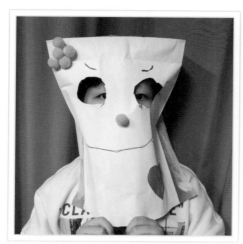 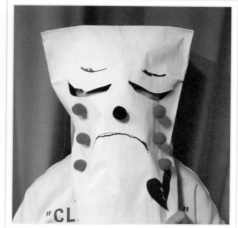

15세 여자 중학생의 두 개의 얼굴 작품이다. 내담자는 사람들 앞에서 행복해 보이고 남을 웃겨 주는 자신의 모습으로 꽃과 분홍색 하트로 가면을 꾸며 주었다. 반대쪽 가면의 모습은 혼자 있을 때의 모습으로 사람들에게 상처받아 눈물을 흘리며 울고 있는 모습에 검은색 하트가 깨진 모양으로 표현하였다. 내담자는 사람들 앞에서는 약하고 슬픈 모습을 보여 주기 싫어 항상 밝은 모습으로 보이려고 하는데, 그래서인지 사람들은 자신에게 상처 주는 말들을 많이 한다고 하였다. 최근에도 친구들이 자신의 외모에 대해 재미있다는 듯 웃으며 말하였는데 기분이 나빴지만 아무렇지 않은 척했다고 하였다. 치료사가 슬픈 가면에게 해 주고 싶은 말이 있는지 묻자, 울지 말라고, 자신이 위로해 주겠다고 하였다.

내담자는 사람들의 시선에 너무 신경을 써서 자기 자신에 대해서는 생각을 못한 것 같다고 하며 이제 조금씩은 당당해져야겠다고 하였다. 내담자는 두 개의 얼굴 작품을 통해 타인의 시선에 의해 나누어진 자신의 모습을 볼 수 있었으며, 힘들었던 자신을 위로할 수 있는 시간이 되었다.

3) 동물 가면

준비물

종이접시, 색종이, 유성 사인펜, 다양한
꾸미기 재료

기대목표

- 동물 가면을 통해 내면의 심리상태
  및 감정을 탐색할 수 있다.
- 창의적인 매체의 표현을 통해 성취감
  을 경험한다.

미술활동

① 자신이 생각한 인물의 특징을 생각하며 어떤 동물로 표현할지 정한다.

② 종이접시에 밑그림을 그려 준다.

③ 눈이나 입 등의 원하는 모양을 오려 낸다.

④ 유성 사인펜, 색종이, 스팽클, 폼폼이 등 다양한 재료를 사용하여 꾸며 준다.

⑤ 완성된 가면을 쓰고 역할극 놀이를 한다.

미술심리재활 적용

• 같은 동물을 표현한 것이라도 그 이유에 있어서는 다르게 표현되기 때문에 치료사는 내담자가 심리적으로 느끼는 모습과 동물이 가지고 있는 상징성을 동시에 고려하여야 한다.

• 역할극은 허구와 상상의 영역으로 가면을 쓰고 역할놀이를 하면서 동일시를 경험하게 된다. 가면을 쓰면 자신의 감정이나 욕구를 더 편하고 안전하게 표현할 수 있다.

• 아동의 동물 가면을 이용한 역할놀이는 자연 세계에 대한 탐구심과 관찰력을

자극하게 되고, 독창적인 자신만의 표현력으로 사회적 기술과 행동양식을 배우는 데 도움이 된다(이원향, 최성규, 2007).

사례

어머니와의 분리불안의 어려움을 가지고 있는 7세 여자 아동의 동물 가면이다. 내담자는 가면을 만드는 동안 어머니가 밖에 있는지 계속 확인하려 하는 모습이 관찰되었다. 예전에 어머니와 동물원에서 판다를 본 적이 있는데 너무 귀여워서 만들어 보고 싶다고 하였다. 가면을 쓰고 역할놀이를 하며 자신은 착하고 귀여운 아기 판다이고, 나쁜 짓은 안 한다고 말하였다. 내담자의 어머니는 얼마 전 큰 수술로 인해 장기간 입원한 적이 있었는데, 그 이후로 아이가 자신이 안 보이면 울면서 불안해한다고 하였다. 내담자는 어머니의 병이 자신 때문이라고 느끼는 것을 가면 역할놀이를 통해 자신의 불안한 감정을 표현하였다.

4) 파티 가면

준비물

파티 가면, 아크릴물감, 보석스티커, 반짝이 풀

기대목표

- 유희적인 성격의 파티 가면을 통해 긴장을 이완시켜 주고, 즐거움을 느끼게 한다.
- 완성도 높은 표현은 심미적 만족감과 성취감을 경험하게 한다.

미술활동

① 원하는 색상의 아크릴물감으로 가면을 채색한다.

② 물감이 완전히 건조된 후 보석스티커를 붙여 준다.

③ 반짝이 풀로 가면을 꾸며 준다.

④ 완성된 작품을 감상한 후 이야기를 나눈다.

미술심리재활 적용

- 유희적 속성을 가지고 있는 가면은 숨어 있던 신명을 돋우어(임형준, 2003), 억압되어 있던 감정을 분출함으로써 카타르시스를 느낄 수 있다. 파티 가면을 완성한 후, 음악을 틀고 직접 착용해 몸을 크게 움직여 보며 심리적 자유로움과 즐거움을 느낄 수 있도록 한다.
- 가면무도회처럼 아무도 자신을 알아보지 못했을 때, 어떤 말과 행동을 하고 싶은지에 대한 구체적인 이야기를 나누면서 평소 억압되어 있던 욕구를 탐색하고 표현할 수 있는 기회를 제공한다.
- 내담자의 심미적 만족감과 성취감을 위해 다양한 오브제를 준비하는 것이 좋다.

사례

초등학교 3학년 아동 집단의 파티 가면 작품이다. 집단 구성원은 여러 가지 종류의 가면 중 자신이 원하는 모양의 가면을 선택하여 꾸며 주었다. 구성원은 서로의 작품을 칭찬해 주고, 자신의 작품에 만족감을 나타내었다. 작품을 완성한 후 간단한 다과를 준비하여 작은 파티를 열었는데 모두 재미있어 하였고, 소극적인 태도를 보였던 구성원들도 함께 참여하며 어우러지는 모습이 관찰되었다.

5) 종이죽 가면

준비물

신문지 또는 화선지, 바가지, 큰 그릇, 밀가루 풀, 물, 아크릴물감, 붓

기대목표

• 종이죽 가면 활동 과정을 통해 심리적 안정감을 경험한다.

• 내적 투사 과정에서의 무의식을 탐색하고 승화의 경험을 한다.

미술활동

① 신문지 또는 화선지를 작은 조각으로 찢어 준다.

② 밀가루 풀을 풀어 놓은 물에 종이 조각을 넣어 준다.

③ 물에 담긴 종이 조각을 손으로 주물러 준다.

④ 엎어 놓은 바가지 위에 종이죽의 물기를 짜서 원하는 모양의 가면의 틀을 만들어 준다.

⑤ 종이죽 가면이 완전히 건조되면 물감으로 채색한다.

⑥ 완성한 후 가면의 이름을 정하고 이야기를 나눈다.

▶ 종이죽 가면을 만들 때, 견고함을 위해서 밀가루 풀을 넣는 것이 좋다. 종이죽 가면 성형 시, 바가지 위에 랩을 씌워 놓고 가면을 만들면 건조 후 떼어 내기가 수월하다.

미술심리재활 적용

- 부정적 감정의 표출인 신문지 활동 이후에 종이죽 가면 활동으로 연계하여 새로운 형태로 만드는 것은 감정을 순화시켜 주어 죄책감을 덜어 주고, 창조적 에너지의 발생으로 승화의 경험을 할 수 있게 한다.
- 종이죽을 만드는 과정에서의 부드러운 촉감적 경험은 감각을 촉진시켜 감정을 이완시켜 줄 수 있다.

사례

형과의 관계에서 스트레스를 받고 있는 8세 남자 아동의 종이죽 가면이다. 가면 만들기 활동 전 내담자는 형에게 화났던 일들을 생각하며 신문지를 찢고 구기며 오랜 시간 동안 신문지 놀이 활동을 하였다. 찢어진 신문지를 모아 신문지 죽을 만들어 풍선 위에 가면 만들기를 하였다. 다음 회기에 건조된 가면에 아크릴물감으로 색을 칠하여 완성하였다. 가면은 만화에 나오는 힘이 센 캐릭터로 자신도 힘이 세져서 형한테 지지 않고 이기고 싶다고 하였다. 내담자는 완성된 가면을 쓰고 어머니와 형한테 자랑하고 싶다고 하며 자신의 작품에 만족감을 나타내었다.

모델링 매체 Ⅱ (점토)

1. 모델링 매체 Ⅱ(점토)의 특성

점토(Clay)는 입체매체 중 습기가 있는 매체로서 찰흙, 유토, 지점토, 클레이, 석고 가루 등으로 3차원적인 만들기를 할 수 있는 매체이다. 점토의 일반적 특성으로 가소성, 흡수력, 창조성, 전이성, 유연성, 촉감성이 있다. 만지는 대로 자유롭게 변하는 가소성은 자신의 생각과 느낌을 솔직하게 표현할 수 있고, 이러한 표현의 자유는 긴장과 억압의 상태에 있는 스트레스 상황에서 심리적, 신체적 긴장을 이완시켜 준다(권수정 외, 2019). 또한 사고의 틀에서 벗어나 자유롭고 창의적인 표현을 촉진시킬 수 있는 유연성을 발달시키게 되고, 다양한 기법에 의한 조형적 구성의 효과에 따라 무한한 변화와 깊은 내적 세계를 표현할 수 있다(정미라, 조혜정, 2015).

점토의 가소성과 촉감성은 손을 통한 다양한 행동을 유도함으로써 소근육 능력을 향상시키고, 촉각 자극을 통해 감각통합을 촉진하여 현실감각을 상승시키는 데에도 긍정적인 영향을 미친다. 아동에게는 흥미를 유발시키는 매체로 다양한 활동을 촉진시킬 수 있어 초기 친밀감 형성에 긍정적 영향을 미칠 수 있다.

1) 찰흙

자연에서 채취한 미세한 광물질의 집합물인 찰흙은 인간에게 친숙한 조형재료(최미경, 1994)로서 물을 적당량 함유할 때 가소성이 있고, 건조하거나 불에 구우면 딱딱해지는 성질이 있다. 미술치료 현장에서 주로 사용하고 있는 학습용 찰흙은 대부분 일반적인 대용 점토로서 소성(燒成, 불로 구워 내는 과정)을 실시할 수 없는 재료이다. 또한 제조한 곳에 따라 색

의 차이가 나며 작은 돌이나 거친 흙 등이 섞여 있기도 하다. 찰흙은 소조의 재료로 가장 많이 쓰이며, 물의 농도를 늘려 사용하게 되면 부드러워져서 퇴행이 나타나므로 무의식과 만날 수 있는 가장 낮은 통제력을 가진 조형 재료이다(김경식, 2011).

사용 전에 반죽하고 치대어 흙 속의 공기를 빼내야 건조 후 균열을 방지할 수 있다. 제작 과정 중 건조를 방지하기 위해 분무기로 물을 뿌려 주며, 장시간 보관을 할 경우에는 젖은 천으로 감싸 두거나 분무기로 물을 뿌린 후 비닐로 감싸 두면 수분 증발을 막아 촉촉한 상태를 유지할 수 있다.

2) 유토

유토는 흙에 오일을 섞은 점토로서, 질감이 매끄럽고 부드러워 섬세한 작업이 가능하며 점성이 우수하다. 유토는 마르거나 굳지 않아 균열이 생기지 않으므로 반영구적으로 재사용할 수 있다. 그러나 직사광선이나 온도가 높은 곳에 장기간 보관하면 기름 냄새가 심하게 날 수 있어 보관에 유의해야 한다. 기온이 낮거나 처음 사용할 때는 다소 단단하지만 따뜻한 곳에 두거나 손으로 주물러 주면 부드러워진다. 시

중에는 유아들이 안전하게 사용할 수 있는 쌀, 전분, 화
장품 원료로만 만든 유토와 색이 첨가된 제품도 있다.

3) 지점토

지점토는 점토에 종이 섬유가 첨가된 흰색 점토이
다. 처음 사용할 때에는 종이 섬유의 질감이 느껴져서
물을 조금 첨가하여 주물러 준 후 사용하면 부드러운
질감을 느낄 수 있다. 지점토의 성질은 무른 편으로 입체물을 만들 때에는 지지대를

사용하는 것이 좋다. 물만으로도 접착력이 좋
고 완전히 건조한 후 종이와 같이 가볍고 단단
한 경도를 가지고 있어서(권수정 외, 2019) 돌이나
나무에 붙여 사용하거나 물을 많이 섞어 종이
위에 질감을 주는 바탕 재료로도 사용이 가능
하다. 또한 건조한 후 포스터컬러나 아크릴물
감 등 다양한 페인팅 매체로 채색이 가능하다.

4) 데코레이션 점토

데코레이션 점토는 지점토와 유사한 성질을 가지고
있다. 지점토보다는 무르고 부드러우며, 손에 덜 묻는
편이다. 표면이 금방 굳는 찰흙이나 지점토보다 촉촉
함을 오래 유지할 수 있으며, 건조 후에는 갈라짐이 적
은 편이다. 찰흙을 초벌구이(테라코타)를 한 것처럼 견
고성이 뛰어나며, 완전히 건조한 후 조각도나 칼 등의

도구를 사용하여 새로운 표현이 가능하다.

5) 컬러클레이

컬러클레이는 인체에 무해한 합 성수지(PVA)로 만들어진 점토로서 부드러운 질감을 가지고 있고 누구 나 쉽게 만들 수 있는 점토매체이다. 점성이 뛰어나 종이와 나무, 스티로 폼에 부착이 용이하고 손에 묻어나 지 않는다. 색이 다양하고 색상 혼합 이 쉬워 시각적 자극과 집중력 향상 에 도움이 되며, 창의적인 표현을 하

기에 적합한 매체이다. 자연건조로 갈라짐이 적고 수축감이 없으며, 탄성력이 생겨 공처럼 잘 튀는 특성을 가지고 있다.

작은 스티로폼 알갱이가 들어 있는 폼클레이는 만질 때마다 폼 알갱이가 있어 흥미를 이끌어 낼 수 있으며, 감각자극이 필요한 내담자에게 사용하기 좋은 점토이다.

6) 천사점토

천사점토는 인공펄프를 주원료로 하는 흰색의 조색 점토이다. 점토 중 가장 가볍고(지점토의 1/8의 무게) 부드러운 질감을 가지고 있다. 또한 촉촉한 느낌을 주며 손에 묻어나지 않는다. 천사점토의 부드러운 촉감은 경직되어 있거나 위축되어 있는 내담자에게 긴장을 이완시키고, 마음의 갈등을 해소시켜 심리적 안정감을 주며(고현 외, 2012), 가장 부드럽게 퇴행시켜 준다. 천사점토에 사인펜, 형광펜, 수성물감 등을

섞으면 자유로운 색의 표현이 가능하다. 점토가
마르면 물을 살짝 뿌려 보관 용기에 넣어 두면 재
사용이 가능하다.

7) 식용 점토

식용 점토에는 쿠키클레이, 라이스클레이, 슈
가클레이가 있다. 식용 점토는 빨기 욕구와 촉감
놀이를 하는 유아부터 낮은 인지기능을 가지고
있는 지적 장애인에 이르기까지 모든 연령에게 안전하게 사용하고 먹을 수 있는 점
토이다. 기본 천연재료인 밀가루, 쌀가루, 설탕과 천연색소를 혼합하여서 색이 선명
하지는 않지만, 색상끼리의 혼합도 가능하며 자연의 색감과 향까지 느낄 수 있어 편
안함을 줄 수 있다.

쿠키클레이는 구워 먹을 수 있는 냉동 생지 형태의 밀가루 점토로, 손의 열이 가
해지면 점토 속에 있는 버터가 녹아 부드러워지며, 굽고 나면 색이 연해진다. 라이스
클레이는 쌀로 만든 냉동 상태의 떡 형태 점토로, 상온에서 말랑해질 때까지 놓아 둔

다음 손으로 주물러 사용한다. 슈가클레
이는 자일로스 설탕으로 만들어진 점토로,
색이 섞여 나와 있는 제품과 식용색소를
하얀색 슈가클레이에 섞어 만드는 제품도
있다. 다른 식용 점토에 비해 쫀득한 질감
을 가지고 있고 열에 민감하기 때문에 너
무 뜨겁거나 차가운 곳을 피해 상온에 보
관해야 한다.

8) 석고붕대 · 석고가루

석고붕대는 석고가루를 묻혀 만든 외과 의료용 붕대 재료이다. 물에 담갔다가 본을 뜨는 곳에 감아 주면 원하는 모양대로 굳어 입체 모양을 쉽고 간편하게 만들 수 있다.

석고가루는 분말 형태의 하얀 가루로 물과 혼합하여 조형물을 만들 때 사용한다. 찰흙으로 형태를 만들고 본을 뜰 때 사용하기도 하고, 실리콘 틀, 종이컵 등 외형이 있는 곳에 석고액을 부어 내부의 형태를 본뜰 때 사용하기도 한다.

석고액을 만들 때는 탄성이 있는 고무 그릇에 물과 석고가루를 부어 주고, 석고가루가 물을 흡수할 때까지 기다려야 한다. 석고액을 저어 줄 때는 한 방향으로 저어서 기포가 생기지 않게 주의하여야 하며, 다 섞어 준 후에는 석고액이 담긴 통을 위아래로 여러 번 내리쳐 기포를 제거해 준다. 석고가루를 먼저 넣고 물을 나중에 넣어서 골고루 섞이지 않거나 기포가 생기게 되면 건조 후 균열이 생겨 작품이 파손될 수 있다.

건조 시에는 열이 발생할 수 있으므로 신체를 본뜰 경우 화상에 주의하여야 하며, 완전한 강도를 얻기 위해서는 12시간 이상 건조해야 한다. 석고로 본을 뜨거나 내형을 뜰 때에는 탈착이 잘될 수 있도록 비누나 세제를 발라 주어야 한다.

9) 촉촉이 모래

촉촉이 모래는 일반 모래보다 입자가 고우며 촉촉한 질감을 가지고 있다. 찰흙이나 클레이보다 부드러운 질감을 가지고 있어서 아이들의 촉감놀이에 알맞은 매체이다. 반영구적으로 점성이 유지가 되어 장기간 반복 사용이 가능하다. 물을 섞지 않아도 쉽게 뭉쳐져 원하는 모양의 틀을 사용하여 부조적, 입체적 표현이 가능하다. 수용성으로 물에 약하기 때문에 물이 닿지 않아야 재사용이 가능하다. 단점은 틀 없이는 완전한 형태의 입체 조형은 만들 수 없으며, 만든 형태의 보존이 어렵다는 점이다.

10) 알지네이트

알지네이트는 치과에서 치아의 본을 뜨는 재료이다. 알지네이트 분말에 물을 넣고 혼합하여 사용하면 크림과 같은 제형이 된다. 건조 후에는 고무와 같은 탄성을 가지게 된다. 본을 뜰 때 잔여물이 거의 남지 않고 쉽게 떼어지며 2~3분 정도의 건조 시간이 소요된다. 구강 안을 본뜰 정도로 인체에 무해 성분으로 구성되어 있어서 유아동에게 안전하게 사용할 수 있다.

2. 모델링 매체 Ⅱ(점토)를 활용한 기법 연구 및 실습

1) 흙 핑거페인팅

준비물

찰흙, 물, 큰 쟁반

기대목표

• 찰흙의 촉감 활동을 통해 심리적 퇴행을 촉진하고 무의식적 자아를 탐색한다.

• 부드럽고 촉촉한 점토의 촉감으로 심리적 쾌감을 경험한다.

미술활동

① 물에 담가 놓은 찰흙과 깊이가 있는 쟁반을 준비한다.

② 찰흙을 손으로 만졌을 때의 느낌을 탐색한다.

③ 물에 담가 놓은 찰흙을 쟁반 위에 올려놓고 오랜 시간 동안 손으로 자유롭게
문지른다.

④ 쟁반 위에 핑거페인팅으로 원하는 이미지를 그려 본다.

⑤ 작품의 제목을 정하고 이야기를 나눈다.

미술심리재활 적용

- 흙 핑거페인팅 활동을 하는 경우 찰흙을 하루 정도 물에 담가 놓았다가 사용하여야 흙의 부드러운 촉감을 느낄 수 있다.

- 흙 핑거페인팅 활동은 더러워지는 것을 좋아하는 유아의 본능적 욕구를 안전한 방법으로 만족시켜 준다. 또한 점토를 통한 촉각 활동의 창조적 경험은 감각체계를 발달시켜 주며, 미술치료라는 안전한 틀 안에서 대상의 세계를 연구하고, 내적 세계 속에서 자신의 의미를 발견하게 된다(김성민, 2009).

- 흙을 손으로 만져 보기만 해도 되고, 여러 가지 도구를 사용하여 그림을 그려 보아도 된다.

- 치료사는 내담자에게 무엇인가를 꼭 표현해야 한다는 압박감을 줄여 주고 자유롭게 할 수 있도록 도와준다.

- 흙 핑거페인팅 작품은 보존하기 어려워 사진을 찍어 두는 것이 좋으며, 작품 사

진을 출력하여 드로잉 매체 또는 페인팅 매체를 활용하여 덧그려 작품을 완성하면 내담자에게 성취감을 줄 수 있다.

사례

8세 남자 아동의 흙 핑거페인팅 작품이다. 내담자는 물에 담가 놓은 흙을 만져보며 차갑고 부드럽다고 하였다. 쟁반 위에 찰흙을 놓고 문지르기도 하고 그림도 그려 보며 오랜 시간 동안 흙 놀이에 열중하였다. 마지막에는 더 많은 흙을 달라고 하여, 흙을 모아 화산 모양을 만들고 '펑' 소리를 내며 화산 폭발 놀이를 하였다. 흙 놀이가 끝난 후 도화지 위에 흙을 문지르며 둥근 모양의 형태를 만들고 나뭇잎을 사용하여 이 작품을 만들어 주었다.

작품의 제목은 '레이저 쏘는 엄마'로 아이가 잘못해서 어머니가 화내는 모습인데, 조금 있으면 착한 어머니가 될 거라고 하였다. 내담자는 흙 핑거페인팅 활동을 통해 감정의 이완과 분출을 경험했으며, 어머니에 대한 자신의 마음을 표현하였다.

2) 과녁 맞히기

준비물

전지 또는 소포지, 찰흙, 드로잉 매체(사인펜, 색연필, 크레파스 등)

기대목표

안전한 방법의 분노 표출 과정을 통해 스트레스를 해소한다.

미술활동

① 벽에 붙여 놓은 전지 또는 소포지에 과녁판을 그리고 바깥쪽부터 안으로 들어
   갈수록 높은 점수를 써 준다.

② 과녁판의 점수만큼 화나게 하는 것들에 대해 구체적으로 이야기를 한다.

③ 찰흙을 공처럼 만들고 과녁 맞히기 게임을 한다.

④ 과녁 맞히기 활동 후 이야기를 나눈다.

▶ 찰흙을 던질 때 물을 조금 섞어 주어야 과녁에 잘 달라붙는다.

미술심리재활 적용

• 내면에 쌓인 분노 감정으로 인해 스트레스가 많은 경우 부적응적 행동이 나타
   날 수 있다. 따라서 스트레스를 긍정적인 방향으로 풀어낼 수 있도록 하는 것이
   중요하다. 과녁 맞히기 활동 후 내담자에게 평소에 운동과 같은 활동적이고 긍
   정적인 방향으로 스트레스를 해소할 수 있는 방법에 관해 이야기를 나누어 볼
   수 있도록 한다.

• 내담자는 화가 난 대상에게 과녁 맞히기 활동을 통해 분노를 표출한 후 죄책감
   을 가질 수도 있다. 이러한 경우에는 과녁판에 맞춘 찰흙을 모아 새로운 형태를
   만들어 부정적 감정의 잔해로부터 새로운 형태로의 승화 작업을 해 주는 것이
   내담자의 죄책감을 줄여 주는 데 도움이 된다.

• 소극적인 내담자의 경우 분노 대상을 직접적으로 그리는 것에 대한 부담감이

있을 수 있어서 과녁판에는 점수로만 표현하게 하고, 내담자에 따라 이미지나
글로 구체적인 표현을 하여 활동하게 할 수도 있다.

사례

14세 여자 아동의 과녁 맞히기 작품이다. 내담자는 부모님의 학업에 대한 기대감
과 간섭으로 인해 스트레스를 받고 있다. 과녁판의 가장 바깥쪽에는 친구들은 놀고
자신은 공부하는 모습을 표현하였고, 가장 안쪽에는 자유롭지 않은 자신의 상황을
큰 스트레스로 표현하였다. 처음에는 찰흙 던지기를 주저하여 치료사가 먼저 시범을
보여 주며 함께하자 곧 활동에 적극적으로 참여하였고, 스트레스가 풀릴 때까지 여
러 번 반복해서 던졌다. 내담자는 마음이 조금 편해지는 것 같다고 하며 던져졌던 흙
을 모아 하트 모양의 캐릭터를 만들어 주었다. 오른쪽 작품은 내담자와 어머니의 모
습으로 싸우지 않고 행복해지고 싶은 모녀 관계에 대한 바람을 나타내었다.

3) 점토 조작

발달적 미술치료는 미술치료를 통한 개인의 발달적 접근을 말한다. 빅터 로웬펠

드(Viktor Lowenfeld)는 "미술발달의 과정은 아동의 창의성뿐만 아니라 인지적 성장의 여러 측면을 나타낸다."라고 하였다(박은주, 2019). 전조작기 단계에서 아동은 상징화 능력이 발달하게 된다. 미술 재료를 사용하여 형태를 모방하고, 모방을 통해 지각된 것을 미술표현 과정과 연합하여 상징화가 된다. 발달상 상징기 이전의 아동에게는 형태를 그리거나 만들 수 있는지를 직접적으로 가르치고 스스로 표현할 수 있도록 격려하여야 한다. 아동에게 미술작품은 비언어적인 형태를 경험하게 함으로써 자기 표현의 기회를 제공한다. 즉, 발달적 미술치료는 언어, 인지적 발달 수준 향상과 더불어 사회적 성장을 이루는 데 도움이 되므로 미술치료의 발달적 측면은 중요시되어야 한다.

준비물

유토 또는 찰흙

기대목표

소근육을 사용한 점토 조작 활동을 통해 신체 및 인지적 발달의 수준을 향상시킨다.

미술활동

① 충분하게 점토를 주무르고 누르고 쳐 보기 도 하며 재료를 탐색하는 활동을 한다.

② 다양한 방법으로 점토를 조작한다.

③ 충분한 시간 동안 활동을 한다.

점토 뜯기

공 모양으로 만들기(점)

길게 늘리기(선)

판 모양으로 만들기(면)

미술심리재활 적용

- 치료사는 점토 조작 과정을 모델링하여 내담자가 스스로 따라 할 수 있도록 촉진하여야 한다. 이때 치료사는 적극적으로 칭찬과 격려를 해 주어야 한다.

- 경험에 의한 반복적인 학습으로 모방기술을 스스로 취득할 수 있도록 하여야 하며, 내담자가 많은 흥미를 가지고 활동할 수 있도록 의성어, 의태어나 노래를 통해 촉구하여 준다.

• 미술의 기본적 조형 요소는 점, 선, 면으로 이루어져 있다. 내담자가 공 모양으로 만들기, 길게 늘리기, 판 모양으로 만들기가 가능해졌다면 이 세 가지를 이용하여 간단한 모양(포도, 달팽이, 막대사탕 등)을 만들 수 있도록 치료사가 모델링하여 준다.

사례

7세이나 발달상의 나이는 5.2세 남자 아동의 작품으로, 특히 소근육 조작과 상징화 능력에 어려움을 가지고 있는 내담자이다. 점토 조작에서 치료사의 활동을 보고 모방은 하였으나 섬세한 작업의 어려움을 가지고 있었고, 손에 힘이 부족하여 오랜 시간 활동을 하면 힘들어하였다. 치료 시간을 나누어 매 회기 초반에 점토 조작 활동을 함으로써 시간이 갈수록 조작 능력이 향상되었다.

왼쪽은 치료 중반기의 작품으로 공 모양 두 개로 사람을 표현하여 놀이터에서 친구와 함께 시소를 타고 있는 모습을 표현하였다. 발달이 느리다 보니 또래관계에서 어려움을 가지고 있었는데, 작품을 통해 또래와 소통하고 싶은 욕구를 나타내었다. 오른쪽은 치료 후반기의 유토를 사용한 작품이다. 점토를 조작하는 능력의 향상으로 기본 도형의 활용을 통해 입체적 형태의 모습을 표현하였다.

4) 성장나무

준비물
찰흙, 씨앗, 하드보드지, 색연필

기대목표
나무의 성장 과정을 통해 자신을 이해하고 미래에 대한 긍정적인 기대감을 가지게 한다.

미술활동
① 하드보드지에 1/3 정도 찰흙을 붙인다.

② 찰흙을 붙인 부분에 자신을 상징하는 씨앗을 심는다.

③ 씨앗에서 자라는 나무를 그리고 채색한다.

④ 완성된 작품의 제목을 정하고 이야기를 나눈다.

미술심리재활 적용

- 자신을 상징하는 씨앗이 자라는 과정의 표현은 나무와 인간의 성장발달을 은유적으로 표현하는 것으로, 내담자는 나무를 그려 나가는 과정에서 나무가 잘 자랄 것이라는 긍정적인 희망을 품을 수 있다.

- 씨앗이 잘 자라기 위해서 자신이 해야 할 것들과 필요한 자원들이 무엇인지 구체적인 이야기를 나누어 본다. 또한 자신이 가지고 있는 자원들이 현재 자신의 삶에 어떠한 영향을 주고 있는지에 대하여 이야기를 나누어 볼 수도 있다.

사례

가정 내 불안감을 가지고 있는 9세 여자 아동의 성장나무 작품이다. 내담자는 씨앗이 심어질 땅에 찰흙을 붙이며 부드러운 감촉을 좋아하여 오랜 시간 동안 찰흙을 문지르고 두드리기를 하였다. 가족 나무가 있어야 한다고 하면서 땅에 씨앗을 여러 개 심어 주었고, 그림의 왼쪽부터 '아버지나무', '어머니나무', '언니나무'를 그려 주었다. '어머니나무'에는 커다란 구멍을 그려 주며 청솔모 가족이 살고 있고 지금은 청솔모 가족이 모두 소풍을 갔다고 하였다. '언니나무'에는 옹이를 여러 개 그려 주었고, 원래는 약한 나무인데 가족의 사랑을 받고 가지가 조금씩 크고 있다고 하며, 몇

년이 지나면 큰 꽃나무가 되어서 사람들에게 행복을 주는 나무가 될 것이라고 하였다.

내담자는 성장나무 작품 활동을 통해 가족에게서 사랑받고자 하는 바람을 나타내었으며, 희망적인 자아상을 표현하였다.

5) 자아상 만들기

준비물

찰흙, 유리 공병, 털실 또는 노끈, 조소 도구, 포스터컬러

기대목표

자신의 이미지를 떠올리고 표현함으로써 자아 개념을 확립한다.

미술활동

① 유리 공병에 찰흙이 잘 부착될 수 있도록 털실 또는 노끈을 감아 준다.

② 찰흙을 조금씩 떼어 내어 ①에 전체적으로 도포한다.

③ 형태의 양감을 생각하며 찰흙을 붙여 주고, 물을 발라서 표면을 매끄럽게 다듬어 준다.

④ 조소 도구 또는 조각도를 이용하여 자세한 부분의 묘사를 한다.

⑤ 형태가 완성된 작품을 그늘에서 건조 후 채색한다.

⑥ 작품의 제목을 정하고 이야기를 나눈다.

▶ 작품 성형 시 찰흙의 표면이 굳지 않도록 수시로 분무기로 물을 뿌려 주는 것이 좋다.

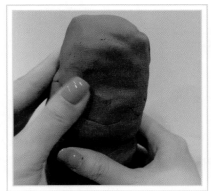

미술심리재활 적용

- 자신의 모습을 표현할 때 구체적인 사람의 모습도 좋지만, 자신을 나타낼 수 있는 캐릭터나 동물 같은 다른 형상을 지닌 상징적인 모습을 표현하여도 좋다.
- 찰흙을 손으로 만질 때마다 달라지는 형태의 가변성에 의해 지속적으로 자신에 대한 탐색을 하게 되며, 손으로 만져지는 실제적인 느낌은 자신에 대한 실존의 느낌을 부여해 줄 수 있다. 입체적 형태의 자아상은 내담자에게 다차원적으로 자신을 볼 수 있는 기회를 제공할 수 있다.
- 만든 형태가 마음에 안 드는 경우 즉시 수정이 가능하며, 이러한 과정 또한 내담자의 심리적 갈등을 나타내는 것일 수도 있다. 완성된 작품에서 내담자의 반응도 중요하지만 만드는 과정에서 내담자의 반응은 내담자의 심리적 갈등을 나타내기 때문에 치료사는 이러한 점을 염두에 두어야 한다.

사례

가정에서의 불안감을 느끼고 있는 9세 여자 아동의 자아상 만들기 작품이다. 내담자는 유아기부터 아버지의 폭력을 자주 목격하였으며, 불안감으로 야뇨증 증세를 보였고 최근까지도 증상이 호전되지 않고 있다. 처음에 내담자가 표현한 자아상은 자신이 실수하여 부모님께 혼나고 있는 모습이라고 하며 자신의 모습이 미워 보인다고 하였다. 자신은 잘 하는 일이 하나도 없으며, 항상 미운 행동만 하여 혼난다고 하였다.

치료사가 얼굴에 채색을 도와주며 원하는 모습으로 표현하기를 유도하자 옷의 색
감을 다양하게 표현하였다. 작품을 힘든 일도 슬픈 일도 없어지고 행복하게 해 달라
고 하느님께 기도하는 모습이라고 표현하였다. 내담자는 자신이 변하면 하느님이
자신의 기도를 들어줄 것이고, 행복해질 수 있을 것 같다고 하며 미래에 대한 희망적
인 표현을 하였다.

6) 촛등 만들기

준비물

찰흙, 물, 찰흙판, 조소 도구, LED 양초,
빨대, 종이컵, 아크릴물감, 붓, 물통

기대목표

- 찰흙의 촉감 활동을 통해 심리적 퇴
  행을 촉진하고 무의식적 자아를 탐색
  한다.
- 촛등의 밝은 불빛을 통해 희망적인
  기대감을 가지게 한다.

미술활동

① 비닐을 씌운 종이컵에 길게 만든 찰흙을 붙여 올린다.
② 만들어진 모양에 물을 묻혀 표면을 매끄럽게 다듬어 준다.
③ 틀이 갖추어진 찰흙 형태에서 종이컵을 떼어 내고 받침대를 만들어 붙인다.

④ 빨대를 사용하여 불빛이 나오는 부분에 구멍을 뚫는다.

⑤ 완성된 작품은 그늘에서 건조하고 사포로 표면을 다듬어 준 뒤 채색한다.

⑥ LED 양초를 넣은 후 작품을 보면서 이야기를 나눈다.

▶ 작품 성형 시 찰흙의 표면이 굳지 않도록 수시로 분무기로 물을 뿌려 주는 것이 좋다. 찰흙 덩어리를 서로 붙일 때, 도구를 사용해 부착되는 면을 거칠게 하여 물을 묻혀 붙여 준다.

미술심리재활 적용

• 촛등을 꾸며 줄 때 흙의 촉감을 통해 나타난 심상 또는 자신이 원하는 희망을 이미지화하여 표현할 수 있도록 도와준다. 작품에 나타난 형상은 내담자의 무의식을 나타내는 것으로 내담자와의 대화를 통해 탐색하는 시간을 가져본다.

• 어두운 곳을 비춰 주는 촛등의 불빛은 내담자에게 희망적인 메시지를 전달해

줄 수 있다. 내담자가 바라는 소망을 구체화시켜 봄으로써 삶에 대한 긍정적인 기대감을 심어 줄 수 있다. 또한 밝은 불빛처럼 내담자의 주변에 긍정적 에너지를 주는 대상에 관해 이야기를 나누어 볼 수 있다.

• 작품의 완성도를 높여 주기 위해 점화하는 시간을 가져봄으로써 자신의 작품에 대한 성취감을 가질 수 있도록 한다.

사례

초등학교 고학년 여자 아동의 촛등 만들기 작품이다. 내담자는 찰흙에서 좋은 냄새가 난다고 하며 한참 동안 찰흙의 냄새를 맡았다. 내담자는 자신의 손등에도 찰흙을 발라 주는 모습을 보였고, 부드러운 느낌을 좋아하였다. 촛등을 만들면서 단계별로 무엇을 만들어야 하는지 수시로 질문하는 모습을 보였다. 내담자에게 작품 완성 후 찰흙 놀이를 더 할 수 있다고 말해 주자 펼쳐 놓은 신문지에 찰흙과 물을 섞어 가면서 즐겁게 활동하는 모습을 보였다. 기본 틀이 완성된 촛등에 여러 번 물을 발라 가며 촛등을 어루만져 주었고, 다음 회기에 완성하고 싶은 형태에 대해 말하며 기대감을 나타내었다.

　다음 회기에 건조된 작품을 보면서 내담자는 촛등 아랫부분 받침은 없는 것이 좋겠다고 이야기하였다. 조각도를 사용하여 잘라 내고, 사포로 잘라 낸 곳을 매끈하게 마무리하였다. 작품의 제목은 '별빛과 눈이 내려앉은 나만의 촛등'으로 눈이 내려서 하얗게 되었고 별이 반짝이는 등인데 소중한 별빛이 빠져나갈까 봐 촛등에 구멍은 많이 뚫지 않았다고 하였다. 내담자는 촛등 작품을 통해 내면의 부정적인 감정을 표현하였고, 촛등 작품의 확장된 표현을 통해 창의적인 방법으로 문제를 해결하려는 모습을 보였다.

7) 손 본뜨기 Ⅰ

준비물

석고붕대, 미지근한 물, 물통, 가위, 핸드크림

기대목표

자신의 신체 일부분의 본뜨는 과정을 통해 자기인식감을 향상시킨다.

미술활동

① 석고붕대를 손가락과 손등의 크기에 맞춰 여러 장 잘라서 준비한다.
② 활동하기 전 본을 뜰 손에 핸드크림을 발라 준다.

③ 표현하고 싶은 손의 포즈를 취하게 한다. 이때 오랜 시간 동안 움직일 수 없으므로 너무 힘든 포즈는 피할 수 있도록 한다.

④ 석고붕대를 미지근한 물에 적셔 손 위에 올려놓고 매끈해질 수 있게 문질러 준다.

⑤ 석고붕대가 3~4번 정도 겹칠 수 있게 반복한 후 굳을 때까지 기다린다.

⑥ 완전히 건조된 석고붕대를 손에서 분리하여 준 후 가위로 주변 부분을 정리해 준다.

⑦ 완성 후 작품을 소개하고 이야기를 나눈다.

▶ 석고붕대를 붙일 때 손과 손등이 이어지는 부분에서 겹칠 수 있도록 하여 견고성을 높여 주어야 한다. 잘라 준 석고붕대를 물에 한꺼번에 담가 놓거나, 물에 담가진 석고붕대를 실온에 장시간 두면 건조되는 경우가 있으므로 주의하여야 한다. 또한 석고는 열에 의해 건조시간이 단축되므로 드라이기를 사용하여 건조를 도울 수 있다.

미술심리재활 적용

- 내담자와의 대화를 통해 손의 기능적인 부분에 대해 이야기를 나눈다. 손은 자신의 능력을 상징하는 것으로, 손을 본뜨는 것은 자신에 대한 긍정적 인식과 잠재된 가능성을 발견하며 자아존중감을 증진시킬 수 있다.
- 건조된 석고붕대의 분리 작업을 원활하게 진행하기 위해서 활동 전 핸드크림을 발라 주는데, 이때 치료사가 내담자의 손에 직접 핸드크림을 발라 주어 스킨십을 통한 친밀감을 형성할 수 있다.
- 완성된 석고붕대 손 본뜨기에 채색을 하거나 꾸미기 재료를 활용하여 작품의 완성도를 높여 주면 내담자에게 성취감을 줄 수 있다.

사례

초등학교 저학년 학생들의 손 본뜨기 작품이다. 손을 본뜨기 전 서로의 손에 핸드
크림을 바를 때 웃으며 즐거워하였고, 자신의 손을 본뜨는 활동을 흥미로워하였다.
형태를 완성한 후 정성스럽게 꾸미는 모습이 관찰되었고, 친구들의 완성된 작품을
보면서 서로 잘된 점을 찾아주며 긍정적인 상호작용을 하였다.

8) 손 본뜨기 II

준비물

알지네이트, 석고가루, 본뜨기 위한 통(유연한 재질), 석고믹스용 고무볼, 물

기대목표

자신의 신체 일부분의 본뜨는 과정을 통해 자기인식감을 향상시킨다.

미술활동

① 본을 뜰 양을 생각하여 알지네이트 분말을 적당량 부어 준 후 물을 넣고 가루
　가 남지 않게 잘 저어 준다(분말의 양이 20g일 경우 물 46cc가 적당).
② 알지네이트 반죽이 담긴 통 안에 손을 넣고 굳을 때까지 기다린다. 반죽한 물
　의 양에 따라 차이는 있으나 3~4분 정도의 시간이 소요된다.
③ 알지네이트 반죽이 굳으면 손을 천천히 빼낸다.
④ 석고를 묽게 반죽하여 빈틈이 생기지 않도록 알지네이트 속에 부어 준다.
⑤ 석고가 마르면 통 주위를 살짝 밀어내거나 틀어 거꾸로 엎어 빠지게 한다.
⑥ 알지네이트를 칼로 조각내어 석고의 형태가 상하지 않게 조심히 떼어 낸다.
⑦ 완성된 작품의 제목을 정하고 이야기를 나눈다.

미술심리재활 적용

- 알지네이트는 굳고 나서도 탄성이 있어 세밀한 모양의 본을 뜰 수 있으므로 내담자에게 높은 성취감을 줄 수 있는 활동이다.
- 석고액에 색 분말을 넣거나 완성된 손의 모형에 채색을 하여도 좋다. 또는 액화수지와 경화제를 사용하여 손 모형을 만들게 되면 견고하고 다양한 효과를 낼 수 있다.

• 관계 증진을 위한 프로그램으로 두 사람이 손을 잡고 손의 모양을 본뜨는 활동
  도 좋다.

사례

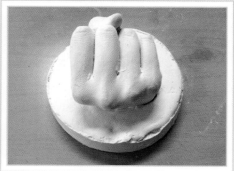

　　20대 대학생의 손 본뜨기 작품으로 처음 해 보는 활동에 대한 기대감과 호기심으
로 시작하였다. 내담자는 어떤 모양을 할지 고심한 후 주먹을 쥔 손을 표현하였다.
내담자는 알지네이트 조각을 떼어 낼 때는 혹시나 형태가 망가질까 걱정을 하였지
만, 완성된 작품을 보며 큰 만족감을 나타내었고, 주먹을 쥔 손을 보면서 힘이 있어
보인다고 하였다. 또한 평소 손을 자세히 본 적 없었는데 작품을 보니 왠지 낯설게
느껴지는 마음도 있고, 자신의 손인데 정작 자신은 자기를 보살피는 데는 소홀했음
을 느낀다고 하였으며, 앞으로는 그 누구보다도 자신을 더 많이 아껴 주어야겠다고
하였다.

9) 추상 조형물

준비물

석고붕대, 와이어 또는 굵은 철사,
투명테이프, 채색 도구

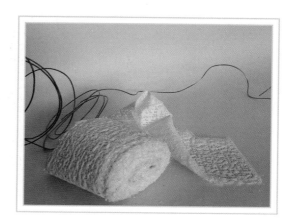

기대목표

- 다양한 매체의 경험과 창의적 표
현을 통해 흥미를 유발한다.
- 비정형적인 형태의 연상 작용을
통하여 무의식을 탐색한다.

미술활동

① 와이어 또는 굵은 철사를 사용하여 자유롭게 선형구조물을 만들어 준다.

② 완성된 선형구조물에 투명테이프를 반복해서 붙여 가며 형태를 고정시킨다.

③ 적당한 크기로 자른 석고붕대를 물에 적셔 선형구조물에 붙이고 문질러 준다.

④ 석고붕대가 다 마른 후 원하는 경우 물감으로 채색한다.

⑤ 완성된 작품에 제목을 붙이고 이야기를 나눈다.

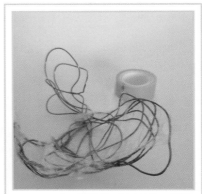

미술심리재활 적용

• 추상 조형물 활동은 형태가 정해져 있지 않은 것에 초점을 맞추어야 한다. 자유롭게 만들어진 난화적 입체 활동은 자유연상을 용이하게 할 수 있어 내담자의 무의식을 탐색할 수 있다. 또한 자신이 만든 형태에서 다른 형체를 생각할 수 있어서 상상력이 발달된다. 이런 창조적인 능력은 응용력을 발달시켜 일상생활 속에서 어려움이 있을 때, 내담자 스스로 자신의 문제를 해결할 수 있는 능력을 길러 줄 수 있다.

• 평면 회화와는 다르게 입체 조형은 자신의 생각과 감정을 현실적으로 형상화하

려는 의미가 있어 다양한 각도와 관점에서 바라볼 수 있다(권선영, 이미옥, 2011). 이러한 점은 내담자에게 자신의 문제를 다양한 관점에서 탐색할 수 있게 도와줄 수 있다.

• 손을 사용하여 와이어를 자유롭게 구겨 보기도 하고 돌려 감아보는 활동은 손의 감각을 자극하여 신체적 에너지를 긍정적인 방향으로 활성화한다.

사례

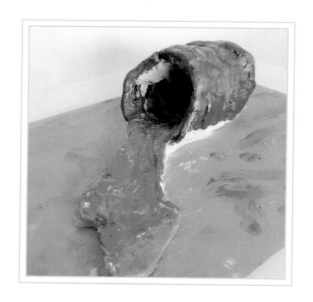

　40대 여성의 추상 조형물 작품으로 제목은 '동굴화'이다. 내담자는 처음에 와이어를 보고 동그랗게 반복하여 말아 주었고 그 위에 석고붕대를 붙여 주었다. 원기둥 모양의 조형물을 동굴로 표현하였다. 내담자는 늦은 나이에 결혼하여 퇴사한 후 육아에 전념하고 있다고 하였다. 과거에 활기찼던 자신의 모습과는 다르게 현재는 자신의 삶은 어두운 동굴 속 같다고 하였다. 치료사가 동굴 주변에 꾸미고 싶은 것을 물어보자 예쁜 들판이 있었으면 좋겠다고 하며 물감으로 들판을 꾸몄고, 동굴에서 예뻗 들판으로 나갈 수 있는 길이 필요할 것 같다고 하며 길을 만들어 주었다. 내담자는 작품의 표현 과정을 통해 자신의 현재 상황에 대해 인지하였고, 미래에 대한 희망을 표현하였다.

10) 석고탑

준비물

석고가루, 물, 종이컵, 수채화물감, 석고를 저을 수 있는 도구

기대목표

- 석고탑 활동을 통해 자신의 내면적 소망을 이해하고 표현할 수 있다.
- 비정형 석고 조형물의 탑 쌓기 활동을 통해 심리적 만족감과 성취감을 가진다.

미술활동

① 석고의 틀이 될 종이컵을 자유롭게 구겨 본다.
② 새로운 종이컵에 물과 석고가루를 풀어 준다.
③ ②의 과정에 원하는 색상의 물감을 넣어 섞어 준다.
④ 구겨진 종이컵에 ③을 부어 준다.
⑤ 굳어진 석고를 종이컵에서 뜯어낸다.

⑥ 앞의 과정을 반복하여 완성된 석고 조형물을 원하는 모양으로 쌓아 완성한다.

⑦ 작품의 제목을 정한 후 이야기를 나눈다.

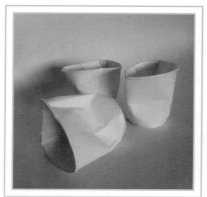
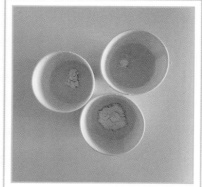

미술심리재활 적용

• 탑은 소망을 담아 인위적으로 조성된 것으로 예전부터 전해 내려온 집단 무의 식의 산물이라고 볼 수 있다. 탑은 안녕과 번영을 기원하고 있어서 탑을 쌓는 과정은 내담자에게 심리적 안정감을 줄 수 있는 활동이 될 수 있다.

• 완성된 석고 조형물의 여러 가지 형태와 색은 자신의 경험을 확장시키고, 내담 자의 감정, 생각, 의지를 색과 형태로 표현함으로써 신체적, 정서적으로 긍정적 인 변화를 촉진시킬 수 있다.

• 형태의 틀이 고정되어 있지 않은 자유로운 조형 작업은 무기력한 내담자에게 생각하지 않았던 무의식적 기쁨을 주며, 창의적 활동을 통해 만족감과 성취감 을 줄 수 있다.

사례

지역아동센터에 있는 10세 여자 아동의 '마술탑'이라는 제목의 석고탑 작품이다. 내담자는 처음 보는 석고가루를 보고 흥미로워하였으며, 석고액을 만들면서는 요리하는 것처럼 재미있다고 하며 적극적으로 활동하였다. 석고액이 굳는 동안 남은 석고가루를 만져 보며 부드러워서 꼭 구름 같다고 하며 석고가루 위에 여러 가지 그림을 그려 주었다. 완성된 석고 조형물에 자신의 소원들을 표현하고 싶다고 하며 핸드폰, 하트, 놀이동산, 친구를 표현하였다.

내담자는 현재 어머니와 떨어져 지내는데, 어머니와 같이 살고 싶어 하는 마음을 하트로 표현하였다. 놀이동산은 아주 어렸을 때 가 본 적이 있었는데 다시 한번 가 보고 싶어 표현하였고, 같이 놀 수 있는 친구가 없어서 친한 친구가 있었으면 좋겠다고 하면서 초록색 석고 조형물을 친구로 나타내었다. 완성된 석고탑 조형물을 보고 예쁜 색처럼 마법이 생겨 자신의 소원이 꼭 이루어졌으면 좋겠다고 하였다.

11) 석고액자

준비물

석고가루, 물, 작은 용기, 우드락, 나무젓가락, 호일

기대목표

- 석고액의 부드러운 촉감으로 심리적 이완을 경험하고 무의식을 탐색한다.
- 완성도 높은 작품을 통해 성취감을 가진다.

미술활동

① 우드락에 나무젓가락으로 자유롭게 드로잉을 한다.

② 우드락 4면을 호일로 감싸 틀을 만들어 준다.

③ 작은 용기에 석고액을 만들어 준다.

④ 호일로 감싼 우드락 위에 석고액을 붓는다.

⑤ 굳어진 석고 본을 떼어 낸다.

⑥ 완성된 작품을 보고 떠오르는 상황이나 느낌을 이야기한다.

미술심리재활 적용

• 석고액을 만들 때 촉감적인 경험을 할 수 있도록 한다. 부드러운 석고액의 느낌이 긴장감을 이완시켜 주어 심리적 만족감을 경험할 수 있도록 도와준다.

• 석고액을 얇게 부으면 의도치 않게 석고 본이 쉽게 깨질 수 있어 내담자에게 좌절감을 줄 수 있다. 틀에 석고액을 넣을 때는 적절한 양을 넣어 주어야 한다. 만약 석고 본이 부서진 경우는 내담자에 따라 조각을 이용하여 새로운 모양을 만들도록 하여 작품의 창조성을 부여해 주어도 좋다.

• 우드락 틀을 만들어 줄 때 우드락 위에 그림을 그리거나 다른 우드락 조각이나 오브제를 붙여 입체적인 석고액자 틀을 만들어 줄 수 있다. 작품의 다양한 활용 방법은 내담자의 창의성을 증진시켜 긍정적인 정서를 불러일으킬 수 있다.

사례

학교 밖 청소년의 석고액자 작품이다. 내담자는 석고가루와 물을 섞으면서 요리를 하는 것 같다고 하였고 흥미와 호기심을 보였다. 석고액의 부드러운 느낌이 기분을 좋아지게 한다고 강조하여 말하였다. 우드락 판에 털실을 자유롭게 붙여 준 후 석고액을 부어 주었다. 석고 본을 떠낸 석고 조각이 조금 깨진 모양을 보고 자신의 마음 같아 보인다고 하였다. 또한 작품에 나타난 형태를 보고 길을 잃어버린 자신의 모습 같기도 하다고 하였다. 내담자는 함께 어울렸던 친구들이 자신의 진정한 친구라 생각했는데 지금은 자신의 일탈 행위를 후회한다고 하였다. 내담자는 석고 작품을 오랜 시간 동안 바라보다가 작품 가운데 하트 모양을 찾아 색칠을 하였고 석고 조각을 붙이면서 바람개비라고 하였다. 내담자는 완성된 작품을 보고 처음보다 근사한 작품이 된 것 같다고 하였다. 자신도 과거의 기억에 갇혀 있지 말고 미래에는 무엇을 할지 생각해 보아야겠다는 긍정적인 다짐을 하였다.

12) 수호신 만들기

준비물
컬러클레이, 점토 도구

기대목표
자신의 긍정자원을 인식하여 심리적 안정감을 가진다.

미술활동
① 눈을 감고 힘든 상황 속에 있는 자신의 모습을 상상한다.

② 힘든 상황 속에서 자신을 지켜줄 수 있는 자원을 떠올려 본다.

③ 컬러클레이를 사용하여 떠올렸던 자원을 만든다.

④ 완성된 작품의 제목을 붙인 후 이야기를 나눈다.

미술심리재활 적용

- 치료사는 내담자가 자신의 자원에 대해 생각할 때 구체적으로 떠올려 볼 수 있도록 도와야 하며, 자원은 사람뿐만 아니라 사물, 사고, 행동 등으로 다양하게 접근해 볼 수 있다.

- 작품을 완성한 후 눈을 감고 충분한 시간 동안 수호신의 심상을 각인시킬 수 있도록 한다. 이러한 자기 주문 과정은 일상생활 속에서 힘든 일이 생겼을 때 자신을 지켜주는 수호신을 떠올려 심리적 안정감을 찾을 수 있도록 해 준다.

- 아동에게 적용하는 경우 수호신의 이름, 성격, 능력, 사는 곳 등 쉬운 질문을 통해 실체감을 줄 수 있도록 한다.

사례

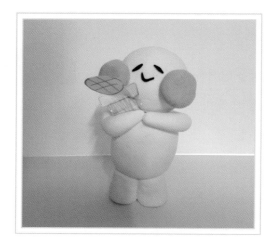

　　10세 여자 아동의 '하양이'라는 제목의 수호신 만들기 작품이다. 내담자는 내성적인 성격에 자기표현이 부족하고, 친구들 사이에서 소외감을 느끼고 있다. 친구들이 말을 시키면 떨리고 긴장되어 말소리가 작아지는데, 이런 모습을 친구들이 여러 번 놀렸던 적이 있어서 학교에서는 조용히 있는 편이라고 하였다.

　　내담자는 하얀색 점토를 만지며 부드럽다는 표현과 함께 하얀색의 수호신을 만들어 주었다. 수호신은 자신에게 항상 웃어 주며 자신이 말을 잘할 수 있게 용기와 힘을 주는 존재라고 하며 마이크를 종이에 그려 붙여 주었다. 치료사가 수호신의 보살핌 속에서 어떤 말을 하고 싶은지 묻자, 자신도 같이 놀자는 말을 하고 싶다고 하였다. 수호신을 늘 머리맡에 두면 떨리거나 긴장되지 않을 것 같다고 하였다. 내담자는 수호신 만들기를 통해 정서적 안정감을 얻을 수 있었다.

13) 희망 양초

준비물
양초 점토, 심지, 조소 도구

기대목표
- 미래에 대한 희망을 탐색하고 표현한다.
- 새로운 매체를 통해 흥미를 유발하고 집중력을 향상시킨다.

미술활동

① 자신의 희망에 대해 생각할 시간을 가진다.

② 양초 점토를 사용하여 자신이 원하는 모양을 만든다.

③ 송곳으로 심지가 들어갈 구멍을 뚫고 심지를 넣어 준다.

④ 작품을 완성한 후 제목을 정하고 이야기를 나눈다.

미술심리재활 적용

• 사람은 원하는 것을 말하고 표현할 때 삶에 대한 희망적 기대감과 삶의 긍정적
  에너지가 생긴다. 희망에 대해 구체적으로 표현할 수 있게 하고, 표현된 희망을

이루기 위해 자신이 할 수 있는 일이 무엇이 있는지, 희망이 이루어지고 난 후 자신의 모습이 어떠할지에 대해서 이야기를 나누어 보는 것이 좋다.

- 작품을 완성한 후 초를 켜고 자신의 희망에 대해서 생각하는 시간을 가져본다. 어두운 곳에서의 따뜻하고 밝은 불빛은 오롯이 자기 자신에게 집중할 수 있는 시간이 되어 주기 때문에 자신에 대해 깊이 생각해 볼 수 있는 시간을 줄 수 있다.
- 유아동일 경우 노래를 부르며 축하해 주는 활동을 하는 것도 좋다.

사례

7세 여자 아동의 희망 양초 작품으로 제목은 '공주'이다. 내담자는 〈미녀와 야수〉에 나오는 벨처럼 만들고 싶다고 하며 노란색 양초를 선택하여 희망 양초를 만들었다. 벨은 원래는 공주가 아닌데 착한 일을 많이 해서 왕자의 사랑을 받아 공주가 되었다고 하며, 자신도 착한 일을 많이 해서 벨처럼 예쁜 공주가 되고 싶다고 하였다.

내담자는 현재 부모님의 이혼으로 제대로 된 돌봄을 받지 못해 청결 상태가 양호하지 못한 편이다. 유치원 친구들 사이에서도 내담자의 청결 상태로 인해 따돌림을 받았고, 이로 인해 내담자는 많이 위축되어 있었다. 희망 양초 활동을 하며 자신이 공주처럼 예뻐지면 부모님과도 다시 함께 살고, 친구들도 자신을 놀리지 않고 친하게 지낼 수 있을 것 같다고 하였다. 완성된 작품을 아버지에게 보여 주고 설명해 주고 싶다고 하며 환하게 웃어 보였다. 내담자는 희망 양초 활동을 통해 자신의 희망에 대해 표현하였으며, 한결 편안해진 모습을 보였다.

14) 화산 만들기

준비물

점토, 베이킹소다, 식초, 수채화물감, 공병, 쟁반

기대목표

자신의 분노 감정을 표현하고 분출하는 과정을 통해 심리적 카타르시스를 경험한다.

미술활동

① 화산 만들기 활동 전 분노 상황에서의 자신의 감정에 대해 탐색해 본다.

② 깊이가 있는 쟁반에 점토를 붙이고 공병을 세워 고정시켜 준다.

③ 점토를 공병에 붙여서 화산 모형을 만들어 준다.

④ 화산 모형 구멍에 베이킹소다, 수채화물감을 넣고 식초를 부어 화산 폭발을 경험해 본다.

⑤ 원하는 만큼 화산 폭발을 경험한 후 이야기를 나눈다.

미술심리재활 적용

- 화산 폭발 활동 전과 후의 감정 변화에 차이가 있는지에 대해서 이야기를 나누어 본다.
- 치료사는 내담자에게 분노는 누구나 느낄 수 있고 나쁜 감정이 아니며, 이러한 감정을 느끼는 것에 대해 죄책감을 가질 필요가 없음을 알려 주는 것이 필요하다. 또한 자신의 감정을 통제하는 힘을 기르기 위해서는 자신의 감정을 잘 알고 있어야 함도 알려 준다.
- 화산 만들기 활동 후 평소 분노 상황에서 자신의 감정 표현 방식에 대해 탐색하여 보고, 실제 생활에서 안전한 방법으로 감정을 표현할 수 있는 방법에 대해

알아본다.

- 화산 만들기 활동의 물감 색상은 반드시 붉은색일 필요는 없다. 화산 분출 본래의 색상은 붉은색이지만 내담자에 따라 분노 감정의 색은 달라질 수 있다. 자신만의 분노 감정 색상으로 화산 폭발을 하는 것은 감정의 투사가 잘되어 화산 만들기 활동을 통한 스트레스 해소에 더욱 도움이 될 수 있다.
- 화산 폭발 활동을 실외로 나가서 해 보는 것도 좋다. 콜라에 멘토스를 넣어 만드는 화산 폭발은 더 큰 화산의 분출로 스트레스 해소에 도움이 된다.

사례

11세 남자 아동의 화산 만들기 작품이다. 내담자가 화가 나는 상황으로는 동생이 자신의 장난감을 빼앗거나 장난칠 때이고, 어머니가 내담자에게 공부와 장난감 정리로 화를 낼 때의 상황을 두 개의 화산으로 만들어 주었다.

내담자가 처음 활동할 때에는 붉은색 물감으로 화산 폭발을 하며 신기해하였다.

처음 화산이 폭발하고, 기분이 어떤지를 묻는 치료사의 질문에 어떻게 한 번으로 화가 풀리겠냐고 하며 다른 색 물감으로 화산 폭발 활동을 여러 번 하였다. 내담자는 우주 최고로 재미있고 기분이 좋다고 하며 다음에는 동생과 같이 해 보고 싶다고 하였다. 내담자는 화산 폭발 활동을 통해 화난 감정을 표현하고 스트레스를 해소하여 감정 정화의 경험을 하였다.

15) 미래의 내 모습

준비물

컬러클레이, 유리병

기대목표

미래에 대한 구체적 표현을 통해 긍정적 미래상을 가지게 된다.

미술활동

① 미래의 자기 모습에 대해 생각해 보는 시간을 가진다.

② 유리병의 뚜껑 위에 컬러클레이를 사용하여 미래의 자기 모습을 만든다.

③ 작품이 건조된 후 유리병을 닫는다.

④ 작품의 제목을 정하고 이야기를 나눈다.

미술심리재활 적용

• 미래의 모습에 대해서 생각할 때 내담자가 원하는 시점을 표현할 수 있도록 하는 것이 좋으며, 생각하기 힘들어할 경우 '○○○○년 ○월 ○일 ○시 ○분'과 같은 특정 시점을 주는 것도 내담자가 구체적으로 생각하는 것에 도움을 줄 수 있다.

• 아동·청소년은 꿈에 관해서 이야기할 때 꿈과 직업에만 한정하여 표현하는 경우가 많다. 이때 꿈은 직업보다는 조금 더 구체적인 모습이라는 것을 알려 주며 다양한 질문을 해 주는 것도 좋다. 예를 들어, 어떤 취미를 가지고 싶은지, 어떤

집에 살고 싶은지, 애완동물을 키우고 있는지, 무슨 차를 타고 싶은지 등 자세하게 물어보면서 미래의 자기 모습을 구체적으로 생각할 수 있다.

• 표현된 미래의 모습이 비현실적일 경우 치료사는 내담자의 표현을 수용해 준다. 하지만 사람은 현실 세계에 적응해야 하므로 내담자가 현실적인 관점에서 자신의 꿈을 바라보고 이룰 수 있도록 안내해 주는 것도 필요하다.

사례

11세 여자 아동이 미래의 자기 모습을 표현한 작품이다. 내담자는 커서 가수가 되고 싶다고 하였고, 10년 후 크리스마스 때 자기의 모습을 만들었다. 내담자는 작은 홀에서 흰 티와 청바지를 입고, 사람들 앞에서 〈벚꽃엔딩〉을 부르고 싶다고 하며 작품을 완성하였다. 치료사가 마이크를 만들어 주었더니 내담자는 좋아하며 경직되어 있던 팔의 모양을 바꾸어 마이크를 잡는 모양으로 바꾸어 주었다. 노래 가사처럼 많은 사람이 자신의 목소리를 들을 수 있었으면 좋겠다고 하며 마지막으로 꽃비와 꽃을 만들어 붙여 주었다.

작품을 완성한 후 치료사는 10년 후쯤에는 내담자가 진짜 이렇게 노래를 부르는 가수가 될 것 같다고 말해 주자, 내담자는 진짜 이렇게 가수가 되어서 노래를 부르고 싶고 이렇게 멋진 모습일 것 같다고 하며 미래에 대한 긍정적인 기대감을 표현하였다.

제7장
한국화 매체

1. 한국화 매체의 특성

한국화(Korea Painting)는 자연에 대한 애착과 한국의 민족적 문화가 담긴 양식으로, 1980년대 '한국화'라는 용어를 사용하기 시작하였다. 한국화 매체란 한국의 전통적인 기법에 의해 이루어진 회화에 쓰이는 도구로서 한국의 전통적 회화 재료를 의미한다. 한국화 매체로는 한지, 붓, 먹, 한국화물감, 아교 등이 있다.

한국화 재료의 자연스러운 번짐, 선의 아름다움과 여백의 미는 감정의 표현을 미적으로 승화시키며(정완규, 2009), 안료를 깊이 흡수하는 한지의 자연스러운 형상은 한국적 정서를 포함하여 정서를 안정시켜 주고 감정을 발산시켜 준다(김유경, 최외선, 2008). 부드러운 붓으로 안료를 녹인 물로 채색하는 것은 서양화와 차별화되는 것으로, 여러 번 덧칠하여 중첩의 효과를 내어 정신적 깊이를 나타낼 수 있다(정완규, 2009).

1) 한지

한국화에 사용하는 전통 종이는 재료
나 폭 또는 두께에 따라 화선지, 마지, 옥
판선지, 당지, 창호지 등으로 세분화한다.

화선지는 닥나무 껍질과 펄프를 섞어
만들었고, 그림을 그릴 때 가장 많이 쓰이
며, 먹색의 효과가 잘 나타난다. 닥나무
껍질과 대나무 섬유로 만든 당지는 가격
이 저렴하고 화선지보다 번짐이 적어 연

습용으로 많이 쓰이는 편이다. 우리나라 고유의 수초지인 한지는 창호지, 문종이, 닥
종이 등으로 부르기도 하며(심상철, 2006), 다양한 색감을 가지고 있다. 다른 양지에
비해 촉감이 좋아 그릴 때 질감이 우수하여 겹쳐 그리기가 좋고 번지는 효과가 적당
하다. 다른 종이 재료에 비해 쉽게 자를 수 있고, 찢기, 말기, 꼬기, 덧붙이기 등의 효
과가 있어 작품 제작에 용이하다(손경옥, 2014).

2) 붓

한국화에 쓰이는 수묵화용 붓은 이리
털, 토끼털 등 천연모부터 인조모까지 쓰
임에 따라 다양한 종류가 있다. 수묵화용
붓은 붓대와 붓털이 긴 형태로 나와 있으
며, 붓털이 탄력이 있고 갈라지지 않는 것
이 좋고(심상철, 2006), 채색화용 붓은 짧고
붓털이 많으며 부드러워야 사용하기 편하

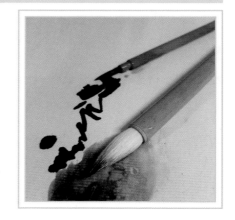

다. 오래된 붓은 끝이 갈라져서 거친 효과를 표현하는 데 사용할 수 있다.

처음 사용하는 붓은 붓풀을 제거한 후 사용하여야 붓의 끝이 마모되지 않고 오래 사용할 수 있다. 붓을 사용한 후에는 흐르는 물에 깨끗하게 씻어 내어 화선지에 물기를 제거한 후 통풍이 잘되는 곳에 걸어 두어야 하며, 세척 시 비눗물이나 뜨거운 물은 붓털을 손상시킬 수 있으므로 주의하여야 한다.

3) 먹 · 먹물

먹은 탄소 성분의 그을음을 모아 아교를 녹인 물과 섞어서 굳혀 만든 재료이다. 먹의 색상은 검은색부터 푸른색이 나는 송연먹과 갈색빛이 나는 유연먹 등이 있다(심상철, 2006). 먹의 색은 만물의 색을 암시하는 고도의 추상성을 지니고 있어 색이라는 개념보다 근원으로서의 정신적 의미를 가진다(손경옥, 2014). 먹은 입자가 세밀하고 부드러워야 먹색의 깊이를 나타낼 수 있고 농담

의 표현을 효과적으로 나타낼 수 있다. 벼루에 먹을 갈 때 먹을 비스듬히 잡고 천천히 갈아 주고, 손의 유분이 먹에 흡수될 수 있으므로 종이로 싸서 높이 잡고 사용해야 한다. 먹을 사용한 후 물기를 제거하여 화선지에 몇 겹 싸서 보관해야 하며, 그렇지 않으면 먹 속에 있는 아교가 수분을 빨아들여 잘 갈리지 않게 되어 먹색의 빛이 탁하게 된다.

먹을 액체 형태로 사용할 수 있도록 만든 먹물도 있으며, 미술치료 현장에서는 쉬운 접근성으로 인해 일반적으로 먹물을 많이 사용한다.

4) 한국화물감

한국화에 사용되는 안료는 석채, 이채, 분채 등이 있으며, 아교수의 농도에 따라서 발색의 영향을 받아 선명한 발색력을 원할 때는 아교수를 많이 포함하여 채색한다(심상철, 2006). 안채는 아교와 천연 전분을 섞어 만들어 얇은 용기에 담긴 고체 물감을 말하며, 색상은 투명하고 맑아 채색화의 바탕 재료로 많이 사용된다.

고착제에 안료를 섞어 만든 튜브형 한국화물감은 짜서 사용할 수 있어 사용이 간편하며, 얇게 칠하는 그림에 사용한다. 두껍게 칠하거나 작품의 퇴색을 방지하고자 할 때는 적당량의 아교액을 혼합하여 사용하면 된다. 한국화물감은 서양화물감보다 부드럽고 친숙한 색상을 가지고 있어 내담자에게 편안함을 주어 자신의 마음을 표현하고 이완시키는 데 도움이 된다.

5) 아교

아교는 동물의 뼈나 가죽을 여러 번 고아 우려낸 것으로서 분채, 석채 등의 안료를 화면에 점착시키는 재료이다. 막대아교, 알아교와 물아교가 있으며, 막대아교와 알아교는 하루 정도 물에 불려 그 물과 함께 60~80도로 중탕하여 녹이고, 물에 희석하여 사용한다.

아교는 한지에 있는 미세한 입자를 막아 주어 채색 시 안료가 빠져나가는 것을 막아 주는 역할을 하며, 곱게 빻은 안료에 아교물을 섞어 개어서 채색한다.

2. 한국화 매체를 활용한 기법 연구 및 실습

1) 먹물 번지기

준비물

먹 또는 먹물, 화지(화선지, 장지, 당지, 한지 등), 붓, 물

기대목표

• 발묵(먹의 번짐)을 통해 심리적 이완을 경험하고
  자기표현을 촉진한다.

• 수묵의 자연스러운 번짐과 여백의 표현을 통해
  미적 승화의 경험을 할 수 있다.

미술활동

① 붓에 깨끗한 물을 묻혀 화지 전체에 골고루 발라 준다.

② 붓에 먹물을 묻혀 물을 바른 화지에 붓을 가만히 올려놓고 먹이 번지는 모습을
   관찰한다.

③ 점 찍기, 먹물 떨어뜨리기, 선 긋기 등 다양한 방법으로 자유롭게 번지기를
   한다.

④ 여러 장을 반복하여 진행한다.

⑤ 여러 장의 작품 중 마음에 드는 작품을 선택하여 먹물 자국을 보고 연상하여 완성한다.

⑥ 완성된 작품의 제목을 정하고 이야기를 나눈다.

미술심리재활 적용

- 한국화에서 사용하는 화지(화선지, 장지 등)는 일반적으로 사용하는 도화지와는 다르게 수분을 잘 흡수하여 번짐과 발색의 한국적 정서를 표현하여 준다. 자연스럽고 깊이 있는 번짐의 효과는 정서적 이완의 효과를 극대화시키고 내담자의 무의식적 표현을 용이하게 해 줄 수 있는 활동이 되어 준다.

- 먹의 색은 단순성과 다양성의 특징을 내포하고 있다. 먹의 번짐은 복잡한 심리적 문제들을 단순하게 바라볼 수 있게 하여 자신의 감정을 이해하고, 단순함 속에 풍부한 상상력을 발휘시켜 자기표현을 하는 데 도움을 줄 수 있다(손경옥, 2014).

- 일반적으로 쓰는 서예용 화선지는 두께가 얇아 활동 중 찢어질 수 있어 내담자에게 좌절감을 줄 수 있으므로 화지는 두껍고 질긴 것을 사용하여야 한다. 또한 먹물은 쉽게 지워지지 않기 때문에 화지 아랫부분에 다른 종이나 천을 깔고 먹물이 묻지 않도록 준비하여야 한다.

- 화지의 종류에 따라 번짐의 효과가 다를 수 있다. 다양한 종류의 한국화 화지를 준비하는 것도 좋다.

사례

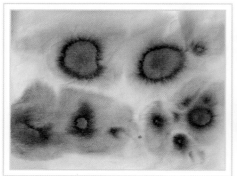 

40대 여성의 먹물 번지기 작품으로 제목은 '앗, 깜짝이야!'이다. 내담자는 먹물이 번지는 모양을 멋있다고 하며, 천천히 집중하여 활동하였다. 여러 장의 먹물 번지기 중 마음에 드는 작품을 골라 OHP 필름을 덮고 페인트 펜으로 연상되는 그림을 그려 주었다. 동그란 형태를 보고 자신의 얼굴과 중학생인 딸의 얼굴이 생각난다고 하며 둘이 함께 있는 모습을 그려 놓았고, 딸이 갑자기 깜짝 놀라게 하는 모습이라고 하였다. 치료사가 최근 딸로 인해 놀란 적이 있는지 묻자, 딸의 휴대전화를 몰래 본 적이 있는데 딸이 이성친구가 생겨 자신 몰래 만나고 있는 것 같다고 하며 걱정이라고 하였다. 이처럼 비정형적인 먹물의 번짐은 내담자의 심리적 문제를 투사하여 표현하게 한다.

2) 선묘화

준비물

먹 또는 먹물, 화선지, 붓, 도자기 접시

기대목표

• 먹물의 농담과 다양한 선의 형태를 통해 심리적 반응을 탐색한다.

• 먹의 색과 선의 표현을 통해 감정 조절을 연습해 볼 수 있다.

미술활동

① 벼루에 물을 적당량 넣고 먹을 갈아 준다.

② 화선지를 넓게 깔아 준다.

③ 먹물과 붓에 머금은 물의 양을 조절하며 자유롭게 그려 준다.

④ 여러 장을 반복한 후 마음에 드는 작품을 골라 제목을 정하고 이야기를 나눈다.

미술심리재활 적용

- 갈아 놓은 먹물을 사용하여 그림을 그릴 수도 있지만, 벼루에 먹을 갈아 쓰는 것도 새로운 경험이 될 수 있다. 벼루에 먹을 가는 행위는 오랜 시간의 인내심을 요구하고 마음을 집중시켜 잡념을 없앨 수 있어, 본 활동을 하기 전에 마음의 준비를 해 주는 시간이 되어 준다. 그리고 자신의 문제로부터 잠시나마 멀어져 쉴 수 있는 마음의 공간을 열어 줄 수 있다.

- 먹색과 선의 느낌에 따라 다양한 심리적 역동을 불러일으킬 수 있으므로 치료사는 내담자가 다양한 방법으로 그림을 그릴 수 있도록 도와주어야 한다. 붓이 물을 많이 머금고 있으면 농묵부터 담묵까지 풍부한 먹색과 부드러운 표현이 가능하고, 물기가 없는 붓에 소량의 먹을 묻혀 사용하면 거친 선의 표현이 가능하다.

- 초반부에 여러 장을 자유롭게 그려 보고 나면 의도적인 선을 그리게 되는 경우가 많다. 화선지에 표현하는 먹의 옅고 진한 농담의 효과는 내담자에게 감정 조절을 연습할 수 있도록 도와준다. 여러 장의 화선지에 감정의 제목을 붙여 선을 그리는 연습을 해 보고, 평소 내담자의 감정 조절에 관한 이야기를 나누어 볼 수 있다.

사례

20대 취업 준비생 남성의 선묘화 작품이다. 내담자는 처음에 먹으로 선을 그을 때는 생각처럼 잘되지 않아 어려워하였지만 몇 차례 연습을 한 후에는 조금 더 자신감 있게 활동에 임하였다. 요즈음 제대로 되는 일이 없어 스트레스를 받고 있는데, 벼루에 먹을 갈 때와 붓으로 천천히 선을 그을 땐 왠지 모르게 경건한 느낌이 든다고 하며 잠시나마 취업에 대한 스트레스에서 멀어지는 것 같다고 하였다. 오른쪽은 '과녁'

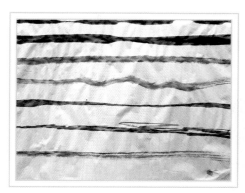 

이란 제목의 선묘화 작품으로 여러 장의 작품 중 가장 잘 그려진 것 같아 마음에 들고, 반복적으로 그려진 선이 풀리지 않는 자신의 상황 같으면서도 언젠가는 해결하고 싶은 마음을 나타내는 것 같다고 하였다. 내담자는 먹으로 선을 그리며 자신의 문제와 욕구를 바라볼 수 있었다.

3) 채색화

준비물

먹물, 한국화물감, 붓, 화지(장지 또는 창호지), 흰색 먹지

기대목표

무채색 먹의 색감에서 오는 심리적 반응을 탐색한다.

미술활동

① 화판에 화지를 종이테이프로 고정한다.

② 붓에 먹물을 묻혀 자유롭게 선을 긋듯이 화지 전체를 칠한다.

③ 먹이 칠해진 화지가 마르고 나면 밑그림을 그린다.

④ 밑그림에 한국화물감으로 농도 조절을 하며 채색한다.

⑤ 완성된 작품의 제목을 정하고 이야기를 나눈다.

▶ ③의 과정에서 밑그림은 직접 그려도 되고, 도안과 흰색 먹지를 사용해 본을 떠서 활용할 수도 있다.

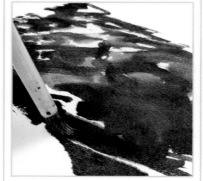

미술심리재활 적용

- 잘 그려야 한다는 부담감 없이 먹을 칠하는 과정은 내담자에게 한국화 매체에 대한 저항감을 줄여 주고 심리적 자유로움과 해방감을 느끼게 해 준다.

- 먹의 색으로만 채워진 화면을 충분한 시간 동안 바라보도록 한다. 이와 같은 과정에서 떠오르는 느낌이나 심상을 표현해 봄으로써 내담자의 심리적 반응을 탐색해 볼 수 있도록 한다.

- 어두운 화면에 한국화물감으로 채색하는 과정은 어둠 속에서 밝은 빛을 비춰주는 느낌을 전달해 준다. 또한 물감을 칠하면서 흡수되는 색은 내담자에게 수용받는 느낌을 전달해 줄 수 있다.

- 치료사는 도안을 여러 장 준비하여 그리기에 자신이 없는 내담자에게는 작품의 완성 과정에서 오는 좌절감을 줄여 주고 성취감을 줄 수 있도록 한다.

사례

　　50대 중년 여성의 채색화 작품이다. 내담자는 먹의 색이 화지에 스며드는 느낌이 편안하다고 하였고, 먹이 다 칠해진 화지를 보고 어두운색이지만 그 자체로도 마음에 든다고 하였다. 어렸을 때 할머니 방의 족자에서 봤던 그림과 비슷하다고 하며 도안을 사용하여 왼쪽 작품을 그렸다. 어린 시절부터 가족은 맏이인 자신에게 동생들을 뒷바라지하기를 바라셨다고 한다. 그림을 좋아하여 그리고 싶었지만, 가족의 기대에 어린 시절의 꿈을 이루지 못한 것이 한이 된다고 하였다. 자신이 맏이가 아니었으면 조금 달라졌을 것 같다는 생각을 한다면서 꽃병의 꽃처럼 예쁘게 살아보고 싶다고 하였다. 오른쪽은 내담자의 두 번째 작품으로 첫 번째 작품이 마음에 들어서 더 그려 집에 걸어 놓고 싶다고 하며 오랜 시간 공을 들여 완성한 작품이다. 마지막에 달을 그렸는데, 달처럼 밝게 빛나고 싶은 마음이라고 하였다. 내담자는 채색화 활동을 통해 자신의 마음을 표현하고 성취감과 심리적 만족감을 얻을 수 있었다.

4) 자동 화법-먹

준비물

먹물, 빗자루, 크기가 큰 화지(창호지 또는 장지),
한국화물감

기대목표

• 자동 화법의 활동을 통해 심리적 자유로움
을 경험한다.

• 무의식에 잠재되어 있는 욕구를 자동적으로
표출한다.

미술활동

① 크기가 큰 화지를 벽에 고정하여 준다.

② 활동 전 신체를 크게 움직여 긴장감을 이완시켜 준다.

③ 빗자루에 먹물을 묻혀 크게 움직이며 종이에 자유롭게 칠해 준다.

④ 화지에 칠해진 자국을 보고 먹 또는 한국화물감으로 연상한 형태를 그려 완성
한다.

⑤ 완성된 작품의 제목을 정하고 이야기를 나눈다.

미술심리재활 적용

- 행위에 중점을 둔 자동 화법은 습관적 기법이나 이성의 영향을 줄여 줌으로써
  자연스러운 무의식 표출 과정의 흐름을 보여 준다. 무의식 표출 과정은 그 자체
  로도 치료적 의미가 있으며, 객관적 표현 과정보다 자신의 감정, 욕구 등을 자
  동적으로 반영하여 무의식을 의식화할 수 있는 기회가 되어 준다(김미낭, 2007).
- 무의식적 행위의 결과물인 먹물 자국에서의 연상 과정은 내담자의 무의식을 좀
  더 깊이 탐색할 수 있게 되고, 한국화물감의 색채를 가미하여 작품의 완성도를
  높여 주면 내담자는 성취감을 높이는 활동이 될 수 있다.
- 미술매체를 사용하는 것에 상당한 불안감을 가지고 있는 내담자에게 자동 화법

은 상대적인 자유로움을 느끼게 하여, 미술치료에서의 좌절감을 줄여 주는 역할을 할 수 있다.

사례

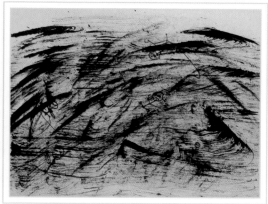

7세 남자 아동의 자동 화법 작품이다. 내담자는 빗자루에 먹물을 묻혀 좌우로 움직이며 '획획' 소리를 내면서 활동을 하였고, 파란색 사인펜으로 바람에 날아가는 사람을 그렸다. 작품의 제목은 '태풍'으로 큰 괴물이 입으로 바람을 불어 태풍을 만들었고 곧 더 큰 바람이 불 것이라고 하였다. 내담자는 밤에 자주 악몽을 꿔 밤만 되면 불안하여 어머니 옆을 계속 따라 다닌다고 하였다. 내담자는 자동 화법 활동을 하며 실제로 바람이 부는 것처럼 행동하며 자신만의 세계에 빠져드는 모습을 보였고, 작품에 표현된 이미지를 통해 자신의 마음을 자연스럽게 표현하였다.

5) 긍정의 말

준비물

투명먹물, 먹물, 화선지, 붓

기대목표

긍정적인 언어 표현을 통해 자신의 삶을 긍정적으로 볼 수 있는 힘을 기른다.

미술활동

① 자신에게 힘이 될 수 있는 긍정적 단어 또는 문장을 생각해 본다.

② 화선지에 투명먹물을 사용하여 생각한 단어 또는 문장을 써 준다.

③ 투명먹물이 마르고 난 후 화선지의 뒷부분에 먹물로 칠해 준다.

④ 완성된 작품을 보고 이야기를 나눈다.

▶ 매체를 준비할 시 필방용 화선지와 전문가용 먹을 사용하여야 투명먹물의 효과를 볼 수 있다.

미술심리재활 적용

- 어두운 먹의 색을 칠할 때 나타나는 긍정적인 단어 또는 문장은 내담자에게 삶의 밝은 빛과 같은 느낌을 전달해 줄 수 있다.

- 긍정적인 부분을 찾아 세상을 보는 관점이 달라질 때 사람은 나쁜 일이 아닌 좋은 일에 집중하는 법을 배우고 긍정적인 삶의 자세로 바뀌게 된다. 자신에게 힘이 되는 긍정적인 단어 또는 문장을 써 주고 여러 번 반복할 수 있도록 안내해 주어야 한다.

- 내담자가 단어 또는 문장을 생각하기 어려워할 때는 치료사가 긍정적인 명언이나 문구를 제시하거나, 글이 아닌 상징이나 구체적인 이미지로 표현하는 것도 괜찮다.

사례 1

50대 초반 남성의 긍정의 말 작품이다. 내담자는 자녀가 아직 어려서 앞으로 오랜 시간 동안 가장으로서의 책임을 다해야 하는데, 직장에서의 불안한 위치와 늙어 가는

자신의 모습에 미래가 불안하다고 하였다. 투명먹물과 먹을 사용하여 나타낸 '언제 나 청춘'이란 글을 보며, 가족을 생각해 더 힘을 내야겠다고 하였다.

사례 2

여자 중학생의 긍정의 말 작품이다. 내담자는 먹을 칠할 때 나타나는 글자 모양이 신기하고 재미있다고 하였다. 요즈음 성적 때문에 어머니와 싸움이 잦은데, 자신은 나름대로 노력을 하고 있지만 성적이 좋지 않아 어머니가 화를 많이 낸다고 하며 자신의 마음을 몰라주는 어머니에게 서운하다고 하였다. 어머니에게 가장 듣고 싶은 말이 '괜찮아'라고 하며 자신의 마음을 표현하였다.

6) 소원등

준비물
한지등, 먹물, 붓, 한국화물감, 도자기 접시

기대목표
자신의 소원을 표현하여 긍정 정서를 경험한다.

미술활동

① 등에 담고 싶은 소원에 대해 이야기를 나눈다.

② 한지등에 그릴 이미지를 선택한 후 붓에 먹물을 묻혀 밑그림을 그린다.

③ 한국화물감으로 채색한다.

④ 채색이 끝난 한지등에 소원을 적는다.

⑤ 완성된 소원등에 불을 켜고 감상 후 이야기를 나눈다.

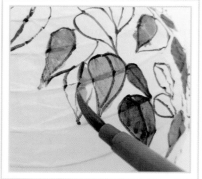

미술심리재활 적용

• 소원등 만들기는 자신이 바라는 소망을 구체적인 이미지와 글로 표현함으로써

현재와 미래에 대한 긍정적 인식을 심어 줄 수 있다. 치료사는 내담자의 작품을 긍정적인 방향으로 표현할 수 있도록 도와야 한다.

• 소원등에 불을 켜면 작품에 대한 만족감을 높여 줄 수 있으며, 어두운 곳에서의 밝은 빛은 삶의 위로와 따뜻한 보살핌의 느낌을 전달해 줄 수 있다. 완성 후 소원등에 불을 켜고 오랜 시간 동안 자신의 소원이 무엇인지 다시 한번 되새기는 시간을 갖는 것도 좋다.

• 내담자가 그리기에 자신이 없을 경우, 미리 도안을 준비하여 한지 위에 본을 떠 완성한 다음 한지등 위에 붙여 만들거나, 색한지를 사용하여 콜라주 형식으로 붙여 표현하여도 좋다.

사례

40대 주부의 소원등 작품이다. 내담자는 예쁘게 완성하여 집에 걸어 놓고 싶다고 하며 작품 활동을 하기 전에 종이에 그리고 싶은 도안을 여러 번 연습하였다. 내담자는 매화나무를 조심스럽게 그리며 검은색 먹의 색감이 잘 그려지지 않아도 멋있게 표현되는 것 같다고 하였다. 어떤 소원을 적을지 오래도록 고민하다가 '가족 건강'과 '행복'을 적었다. 등을 켜고 보니 등불이 밝게 빛나는 것처럼 행복한 빛을 비춰 주고 있는 것 같다고 하며 작품에 대한 높은 만족감을 나타내었다.

7) 전각 만들기

준비물

전각, 조각도, 인주, 화선지

기대목표

전각 만들기 활동을 통해 흥미를 유발하고 자
신의 소중함을 인식한다.

미술활동

① 자신을 상징할 수 있는 글자나 이미지를 종
　이 위에 디자인한다.

② 전각에 먹지를 대고 디자인의 본을 뜬다.

③ 전각을 고정한 후 조각도를 사용하여 이미지를 새긴다.

④ 완성된 조각도에 인주를 묻혀 화선지에 찍어 본 후 소감을 나눈다.

미술심리재활 적용

- 전각의 본래 성격은 개인적 취향을 반영하는 예술적 용도로 조형적 장점을 살리면서 글자를 예술적 서체로 새겨 넣어 문자의 아름다움을 나타내는 것이다. 자신의 이름이 아니더라도 자신을 상징하는 문자나 이미지로 표현하여도 좋다.

- 전각에 글을 새기는 것은 글자의 의미를 잊지 않도록 한 글자 한 글자에 의미를 부여하는 것이다. 전각은 쉽게 할 수 있는 사인과는 다르게 인주를 묻히고 찍는 그 순간까지 신중을 기하게 된다. 내담자에게 전각의 의미를 살펴보고, 자신의 삶에서 주체가 누구인지 어떠한 결정을 하고 있는지에 대한 이야기를 나누어 볼 수 있다.

- 아동일 경우 전각의 면이 작아 표현하기 힘들 수 있어 쉽게 사용할 수 있는 판화 재료를 사용하여 전각을 만들어 주는 것이 좋다. 또한 조각도를 사용해야 하는 작업이다 보니 집중하지 않으면 다칠 수 있으므로 도구 사용에 주의할 수 있도록 해야 한다.

사례 1

12세 남자 아동의 전각 만들기 작품이다. 내담자는 전각 손잡이는 나무를 사용하였고, 고무판을 나무 모양으로 잘라 나무에 붙여 전각을 만들어 주었다. 내담자는 평소에 축구를 좋아하여 자신의 이니셜이 그려진 축구공 모양으로 나타내었다. 활동하는 내내 집중하였고, 자신의 전각을 연습용 종이에 찍어 보며 부족한 부분을 조각도로 수정하며 신중하게 진행하였다. 완성된 전각을 자신의 한국화 작품에 찍었고 자신의 작품이 훨씬 더 멋져 보인다고 하며 작품에 대한 큰 만족감을 나타내었다.

사례 2

40대 후반 여성의 전각 만들기 작품이다. 내담자는 자신의 이름 한 글자에 왕관 모양을 넣고 도장의 측면에 자신의 모습과 리본을 표현하여 완성하였다. 내담자는 대학 졸업 후 바로 결혼해서 전업

주부로만 살아왔다고 하며, 현재 자신의 삶에 만족하지만 남편과 아이들에게 맞춰진 삶을 살다 보니 때때로 자신의 모습이 애처로워 보인다고 하였다. 화선지에 찍혀진 '예쁜 원'이란 글자를 보니 왠지 서글프게 느껴진다고 하며, 자신도 돌보아야겠다고 하였다.

8) 한지 부조 I

준비물

한지 또는 닥종이, 색한지, 종이죽, 하드보드지, 밀가루 풀, 붓

기대목표

- 한지매체를 통하여 심리적 안정감과 만족감을 경험한다.
- 한지 부조의 미적 경험을 통하여 자기표현과 창의력을 향상시킨다.

미술활동

① 한지를 만져 보고 연상되는 이미지를 하드보드지 위에 그린다.
② 종이죽을 사용하여 밑그림 위에 부조 양식으로 붙인다.
③ 밀가루 풀을 붓에 발라 색한지와 한지 또는 닥종이를 겹겹이 붙인다.
④ 완성된 작품의 제목을 정하고 이야기를 나눈다.

미술심리재활 적용

• 한지의 자연스러운 느낌은 부드럽고 편안함을 느끼게 하여 정서를 이완시켜 주고 자유롭게 감정을 표현할 수 있도록 도와준다(제갈선아, 이근매, 2017).

• 겹겹이 붙여진 가운데 밑색의 자연스러운 발색은 수용적 느낌을 전달해 줄 수 있어 내담자에게 수용과 이해의 효과를 줄 수 있다.

• 부조 양식은 한지를 자유롭게 붙여도 표현된 형태가 무너지지 않아 작품의 완성도를 높여 줄 수 있고, 빛이 비추어지는 각도에 따라 다른 심미적 효과를 나타낼 수 있어 내담자에게 성취감을 줄 수 있다.

사례

60대 여성의 한지 부조 작품이다. 내담자는 아들의 얼굴을 표현해 보고 싶다고 하였다. 머리, 눈, 코, 입을 종이죽으로 만들고, 색 한지를 사용하여 붙였다. 하얀색 한지를 붙이며, 밑색이 은은하게 보여 더 예뻐지는 것 같다고 하며 여러 번 겹쳐서 붙여 주었다. 표현된 작품은 아들의 어린 시절 장난기 많은 모습이라고 하며, 아들이 한 명 있는데 자신과 며느리가 사이가 좋지 않아 아들의 얼굴을 보지 못한 시간이 2년이 넘었다고 하였다. 아들의 얼굴을 표현한 작품을 손으로 쓰다듬으며 눈물을 흘렸다. 내담자는 한지 부조 작품을 통해 아들에 대한 그리운 마음을 표현하였다.

9) 한지 부조 Ⅱ

준비물

한지 또는 닥종이, 스티로폼, 전기인두

기대목표

• 한지매체를 통하여 심리적 안정감과 만족감을 경험한다.

• 한지 부조의 미적 경험을 통하여 자기표현과 창의력을 향상시킨다.

미술활동

① 한지 또는 닥종이를 잘게 찢어 따뜻한 물에 넣어 불려 놓는다.

② 스티로폼 위에 연필 또는 유성 펜을 사용하여 밑그림을 그린다.

③ 밑그림의 선을 따라 전기인두로 스티로폼을 녹인다.

④ 물기를 뺀 닥죽을 스티로폼 위에 눌러 가며 틈이 생기지 않도록 붙인다.

⑤ 닥죽이 완전히 건조되면 모서리 부분부터 뜯어낸다.

⑥ 작품을 완성한 후 제목을 정하고 이야기를 나눈다.

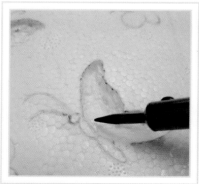

미술심리재활 적용

- 한지를 손으로 뜯고 닥죽을 만드는 과정은 부정적 감정을 표출하고, 손에서 느껴지는 부드러운 감촉은 심리적 안정감을 느낄 수 있게 해 줄 수 있다.
- 정형화되어 있는 한지의 틀을 넘어서 질료적 특성을 이용하여 조형적인 작품으로의 활용은 내담자에게 창의적 경험을 줄 수 있다.
- 스티로폼을 녹일 때 냄새가 나므로 환기를 해 주어야 하며, 아동의 경우는 안전상의 문제로 스티로폼을 녹이는 과정을 생략하고, 기존의 실리콘 틀이나 오브제로 만든 틀을 사용하여 한지 부조를 할 수 있다.
- 완성된 한지 부조 위에 채색할 경우, 한지는 흡수성이 좋아 물감이 잘 스며든다. 흡수성을 이용한 채색이 아닌 경우, 한지 부조 위에 젯소를 2~3번 발라 피막을 만들어 준 후 채색한다.

사례

　15세 여중생의 한지 부조 작품이다. 내담자는 한지를 잘게 찢는 과정을 재미있어 하였고, 따뜻한 물에 담가 놓은 닥죽의 부드러운 느낌이 편안하다고 하며 오랫동안 닥죽을 주물렀고, 자신의 이니셜과 하트 모양으로 디자인하여 스티로폼 틀을 만들고 닥죽을 올려 주었다. 다음 회기에 한지 부조를 뜯어내며 자신이 만든 모양을 보고 신기해하였다. 노란색과 연두색으로 채색을 하고 남은 하얀색의 한지가 예뻐 보인다며 액자에 붙여 완성하였다.

　내담자는 처음 이 활동을 시작할 때는 과연 작품이 예쁘게 나올까 싶어 걱정하였는데, 완성된 작품을 보니 생각보다 예쁜 작품이 나와 더 기분이 좋다고 하였고, 작품의 제목은 '예쁜 나'로 정하였다. 내담자는 한지 부조 작품 활동을 통해 정서적 안정감과 성취감을 경험하였다.

제8장
자연물 매체

1. 자연물 매체의 특성

　자연물은 나무, 나뭇잎, 풀, 꽃, 곡식, 과일, 흙, 돌, 모래 등과 같은 자연 재료로서 인간에게 가장 친숙하며 쉬운 접근성을 가지고 있다. 자연은 시간의 변화에 따라 무한하게 변화하는 존재로서 인간에게 시간의 연속성을 부여하여 인간존재로서의 무한한 가능성의 의미를 준다. 미술의 대가들은 자연에서의 영감을 토대로 훌륭한 대작들을 남겼다. 이는 자연이 인간의 상상력을 자극시켜 창의적인 표현활동을 도울 수 있는 재료라는 것이다. 즉, 자연에서 얻는 에너지와 흥미로 감수성을 높여 주고, 정서를 창의적인 방법으로 자유로이 표현할 수 있게 도와준다.

　미술치료에서 자연물 매체는 인지발달

의 촉진, 의사소통 기술의 발달 촉진, 독특한 미적 형태, 안전함과 무해함, 정서발달, 재료 자체의 유일성과 창의적 발달을 촉진, 정서적인 안정감을 제공하는 장점을 가지고 있다(황혜경 외, 2018). 또한 자연물을 직접 손으로 만지면서 오감을 사용하여 느끼는 과정은 내담자의 불안감을 해소하여 편안함과 안정감을 주며, 신체적·심리적인 고통으로부터 치유할 수 있는 환경을 제공하여 준다.

2. 자연물 매체를 활용한 기법 연구 및 실습

1) 보석나무

준비물

캔버스, 나뭇가지, 돌, 모조 보석, 물감, 글루건

기대목표

보석 탄생 과정을 통해 자신의 강점을 인식한다.

미술활동

① 원석이 보석으로 되기까지의 과정에 대한 이야기를 나누고, 내담자의 탄생석을 찾아본다.

▶ 지시문: "보석은 원래부터 보석이 아니었습니다. 보석을 알아보는 세공사에 의해 발굴되어 갈고 닦아 보석이 되었습니다. 누군가에게는 길거리에 굴러다니는 돌일 수도 있고, 누군가에게는 값비싼 보석이 될 수도 있습니다. 누구나 마음속에 보석이 될 수 있는 원석을 가지고 태어납니다. 자신의 원석

을 발견하고, 그 원석을 갈고 닦을 수 있는 사람은 누구일까요?"

② 캔버스에 물감으로 배경을 채색한다.

③ 물감이 마르고 나면 화면의 하단에 돌을 붙여 주고, 돌(원석)에서 자라나는 나뭇가지를 붙인다.

④ 나뭇가지에 보석과 나뭇잎을 붙이고, 나뭇잎에는 자신이 이루고 싶은 소망을 적는다.

⑤ 완성된 작품을 통하여 자신의 강점을 현실적으로 구체화시킬 수 있는 방법에 관하여 이야기를 나눈다.

미술심리재활 적용

- 내담자에게 탄생석의 의미를 알려 줌으로써 자신이 소중한 존재임을 느낄 수 있게 하며, 자신의 강점을 인식하여 긍정적 자아상을 형성할 수 있도록 도울 수 있다.
- 원석에서 보석나무가 자라나는 과정을 통해 내 삶의 주체가 자신임을 은유적으로 느끼는 시간을 줄 수 있다.
- 현실에서 자신의 강점을 발휘할 수 있는 방법에 대한 구체적인 이야기를 나누도록 한다.

사례

중학교 2학년 여학생이 만든 작품으로 '행복의 보석나무'이다. 내담자는 자신의 탄생석은 아콰마린으로 '행복'이라는 보석의 의미가 마음에 든다고 하였다. 보석나무로 이루고 싶은 소망으로는 '우정, 시험 올백, 진실된 사랑, 행복'이고, 가장 중요하고 이루고 싶은 것은 '행복'이라고 하였다. 아직은 원하는 행복을 이루지는 못했지만 언젠가는 이룰 수 있을 것이라고 하며, 자신의 보석은 아직 반짝이지는 않지만 잘

갈고 닦아 꼭 행복한 보석나무로 만들고 싶다고 하였다.

2) 나뭇잎 연상화

준비물

여러 종류의 나뭇잎, 도화지, 트레싱지, 딱풀,
네임펜

기대목표

• 자연물 매체를 통해 흥미를 유발한다.

• 나뭇잎의 연상을 통해 사고의 유연성을 길
  러 주고, 창의성을 증진시켜 준다.

미술활동

① 도화지 위에 마음에 드는 나뭇잎을 자유롭게 붙인다.

② 나뭇잎이 붙여진 도화지 위에 트레싱지를 전체적으로 붙인다.

③ ②의 이미지를 보고 네임펜을 사용하여 연상되는 그림을 그린다.

④ 완성된 작품의 제목을 정하고 이야기를 나눈다.

미술심리재활 적용

- 정신과 의사들은 사람이 하루에 30분 이상 햇빛을 쏘이게 되면, 우울증이 예방 되며 정신적으로도 건강해진다고 한다. 실외로 나가 내담자와 함께 나뭇잎을 채취하는 과정을 통해 자연스러운 치료적 환경을 제공해 줄 수 있다.

- 나뭇잎은 크기와 모양이 다양하고, 계절에 따라 색감이 변화되어 내담자의 창 조성을 자극할 수 있다. 또한 다양한 작품의 표현은 내담자의 성취감과 만족감 을 높여 줄 수 있다.

- 트레싱지는 밑바탕이 은은하게 비춰 보이게 만드는 특성이 있어서 직접적인 나 뭇잎의 형상보다 연상 작용을 더욱 용이하게 할 수 있다.

사례

　60대 여성의 나뭇잎 연상화이다. 내담자는 하얀색 도화지에 여러 가지 색의 나뭇잎을 붙이니 색이 더 곱고 예쁘다고 하며 즐겁게 활동하였다. 나뭇잎이 붙여진 모양을 보고 자동차를 그리며, 자동차 안에는 손자들을 태우고 산으로 놀러 가고 있는 모습이라고 하였다. 내담자는 자신의 자녀들을 키울 때는 사는 게 바빠서 제대로 돌봐주지 못한 마음이 컸는데, 지금 손자들을 돌봐주면서 그 미안한 마음을 조금은 덜어 내는 것 같다고 하였다. 완성된 작품에 만족감을 나타내었으며, 연두색 배경에 둥근 모양의 하얀색이 따뜻한 달빛으로 보이고 현재 자신의 모습인 것 같다고 하였다.

3) 나를 위한 꽃다발

준비물

드라이플라워(dry flower), 도화지, 수채
화물감, 목공 풀, 붓

기대목표

자신의 소중함을 인식하여 자아존중감
을 향상한다.

미술활동

① 도화지에 밑그림을 그린다.

② 수채화물감을 사용하여 밑그림에 채색한다.

③ 밑그림에 목공 풀로 드라이플라워를 붙여 준다.

④ 작품을 완성한 후 이야기를 나눈다.

미술심리재활 적용

- 작품 활동을 시작하기 전 눈을 감고 자신에게 집중하며, 자신의 소중함을 인식하는 시간을 충분히 갖도록 한다.
- 꽃다발은 누군가에게 축하, 축복, 감사 등의 의미를 지닌다. 대부분의 사람은 타인을 위해 꽃다발을 선물하지만, 자신을 위한 꽃다발은 사치라 생각하여 구매하지 않는다. 자신을 위한 꽃다발을 작품으로 만들어 오래 두고 간직하며 자신의 인생에서 자기 자신이 가장 중요한 존재임을 느끼는 시간이 될 수 있다.
- 실외에서 자연을 느끼며 사계절에 맞는 꽃을 직접 채취하여 사용하여도 좋다. 특히, 식품건조기를 사용하여 건조하게 되면 원하는 꽃으로 단시간에 드라이플라워를 만들 수 있다.

사례

20대 취업 준비생의 나를 위한 꽃다발 작품이다. 내담자는 대학 졸업 후 취업 준비를 하고 있지만 매번 탈락하여 아르바이트를 전전하고 있다고 하였다. 동기 대부분은 취업에 성공해 직장에 다니고 있는데 자신만 점점 뒤처지고 있는 것 같고, 집에

서도 눈치가 보여 힘들다고 하였다.

이 작품은 자신이 취업을 하고 난 후에 자신에게 선물하고 싶은 꽃다발이라고 하였다. 내담자는 그리기에 자신이 없다고 하며 도안을 사용하여 본을 뜬 바탕에 수채화물감으로 채색하였다. 작품에 드라이플라워를 붙이며, 색이 선명하고 예뻐서 작품이 더 돋보이는 것 같다고 하였다. 처음 작품을 시작할 때는 혹시나 잘 못할까 걱정되었는데, 막상 완성된 작품을 보니 자신의 걱정이 괜한 우려였던 것 같다고 하며, 현재 자신의 상황이 힘들기는 하지만 주저하지 말고 앞으로도 계속 도전해 봐야겠다고 하며 활동을 마무리하였다.

4) 티 드로잉

준비물

각종 잎차(꽃잎차, 녹차 등), 도화지, 물 풀

기대목표

• 자연에서 오는 향을 통해 심리적 안정감과 긴장을 이완시킨다.

• 후각적 반응을 통해 자신의 정서를 탐색한다.

미술활동

① 준비한 각 티백의 향을 10초 이상 충분히 맡아 본다.

② 잎차의 향이 주는 느낌을 생각하며 도화지 위에 물 풀로 드로잉을 한다.

③ ②의 풀이 마르기 전에 잎차의 가루를 뿌려 준 후 털어 낸다.

④ 붓에 따뜻한 물을 묻혀 붙여진 잎차 위에 발라 준다.

⑤ 새로운 종이에 앞의 과정을 반복한다.

⑥ 작품의 제목을 정하고 이야기를 나눈다.

▶ 내담자에 따라 강한 향에 민감할 수 있으므로 멀리서 향을 맡거나 창문을 열어 둔다.

 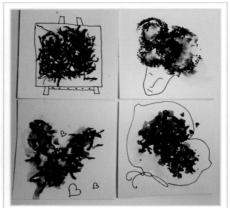

미술심리재활 적용

- 잎차의 향을 맡을 때는 10초 이상 충분히 맡아 그 향을 향유할 수 있도록 한다. 향유는 감각을 일깨우는 과정으로, 향을 통한 이미지 표현은 감각적 반응에서의 정서적 표현을 가능하게 해 준다.
- 사람의 감각 중 후각은 기억이나 정서를 촉발시키는 하나의 요인이다. 내담자에게 잎차가 주는 향이 어떠한 기억을 떠오르게 하는지, 그 기억을 통한 감정이 어떤 것인지에 대한 구체적인 이야기를 나눈다.
- 향을 맡으며 기분의 변화와 신체적 변화에 대하여 이야기를 나누어 보고, 불편한 상황을 머릿속에 떠올린 후 안정감을 주는 향을 맡아 편안해지는 신체적 반응을 경험하여 볼 수도 있다.

사례

50대 여성의 '미소'라는 제목의 티 드로잉 작품
이다. 내담자는 잎차의 여러 향을 맡아 보고 녹차
의 은은한 향이 가장 좋다고 하며 돌아가신 아버지
가 생각난다고 하였다. 아버지는 내담자가 어린 시
절 일찍 돌아가셔서 추억은 많이 없지만, 항상 정
갈하셨던 아버지의 모습이 녹차의 향과 비슷한 것
같다고 하였다. 내담자는 아버지의 모습을 표현하
고 싶다고 하며 웃는 얼굴의 모습을 표현하였다.
표현된 작품을 보며 재미있기도 하고 쓸쓸해 보이
기도 하지만, 작품을 통해 추억 속 아버지를 회상
할 수 있어 편안한 시간이 되었다고 하였다.

5) 커피 드로잉

준비물

커피 가루, 따뜻한 물, 붓, 물감, 드로잉 매체

기대목표

- 커피의 향이 주는 회상적 경험을 통해 내적
  욕구를 탐색한다.
- 새로운 매체의 경험을 통해 창의력을 향상
  시킨다.

미술활동

① 커피의 향을 맡고 연상되는 장면이나 느낌을 이야기해 본다.

② 도화지에 연상되는 이미지를 그린다.

③ 붓으로 물을 충분히 칠한 후, 커피 가루를 뿌리고 가루의 번짐을 관찰한다.

④ 물감 또는 드로잉 매체를 사용하여 추가로 그림을 덧그린다.

⑤ 완성된 작품의 제목을 정하고 이야기를 나눈다.

▶ 붓에 물을 묻혀 자유롭게 드로잉을 하고 커피 가루를 뿌려 난화적인 방법으로의 적용도 가능하다.

미술심리재활 적용

• 커피는 누군가에게 대접을 하거나 여유를 느낄 때 떠올리게 된다. 작품을 시작하기 전 내담자와 함께 커피를 마시는 시간을 가지면 친밀감을 형성할 수 있고, 내담자가 작품 활동을 하기 전 편안한 환경에서 시작할 수 있게 도와줄 수 있다.

• 활동하기 전 따뜻한 물에 커피를 타고, 향을 맡고, 맛을 보는 것은 커피의 향을 좋아하는 내담자에게는 긍정적 경험이 될 수 있고, 커피의 후각적·미각적 경험은 내담자에게 회상적 경험 또는 연상작용을 하여 내면세계를 탐색할 수 있도록 해 준다.

• 작품 활동을 진행하다 보면 커피의 향이 진해 머리가 아플 수 있으므로, 창문을 열어 환기를 해 주어야 한다.

사례 1

20대 여성의 '여유'라는 제목의 커피 드로잉 작품이다. 내담자는 평소 카페에서 커피를 마시며 책을 읽는 것을 좋아한다면서 커피의 향을 맡고 떠오르는 심상을 작품으로 표현하고, 학업으로 바쁜 일상에 여유를 찾고 싶은 마음을 표현하였다.

사례 2

　　40대 기혼 여성의 커피 드로잉 작품이다. 내담자는 커피를 좋아하지만 자신에게 커피는 육아에 지쳐 피곤할 때 마시는 대용품이란 생각이 든다고 하며 자신의 모습을 표현하였다.

6) 커피콩 모자이크

준비물

커피콩, 하드보드지, 목공용 본드

기대목표

- 흥미로운 매체의 활용을 통해 집중력을 향상한다.
- 소근육 운동을 촉진하고 조절능력을 향상한다.

미술활동

① 커피콩의 촉감을 느껴 본다.

② 연필로 표현하고 싶은 밑그림을 그린다.

③ 밑그림을 따라 목공용 본드로 커피콩을 붙인다.

④ 완성된 작품의 제목을 정하고 이야기를 나눈다.

미술심리재활 적용

• 하드보드지에 커피콩을 붙이기 전에 부드러운 점토를 사용하여 커피콩을 붙이는 것도 발달 촉진에 도움이 된다.

• 하드보드지의 크기가 너무 큰 경우 활동하는 데 어려움이 있어 좌절감을 줄 수 있으므로 내담자에 따라 하드보드지의 크기를 조절하여야 한다.

• 내담자에 따라 다양한 도안을 준비하는 것이 좋으며, 성취감을 주기 위해 기존의 색채가 있는 사진이나 그림에 부분적으로 모자이크를 하여도 좋다.

• 내담자에 따라 커피콩 이외에도 다양한 곡물을 사용하여 모자이크를 완성할 수 있다. 시력의 문제가 있는 노인이나 소근육 조작의 어려움이 있는 내담자의 경우 붙이는 재료의 크기에 유의해야 한다.

사례

　　대학생 집단의 커피콩 모자이크 작품들이다. 집단 구성원들은 커피콩을 만져 보기도 하고 향을 맡으면서 이야기를 나누었다. 매체를 충분히 탐색한 후 원하는 이미지를 그려 주었고, 밑그림 위에 커피콩을 붙여 줄 때는 집중하는 모습이 나타났다. 커피콩이 작아서 붙이기 힘들어하는 구성원도 있었지만, 서서히 완성되는 작품을 보며 포기하지 않고 끝까지 완성해서 뿌듯하다고 하였다. 힘든 일이 있을 때 자신에게 동기부여를 해 주는 것이 중요하다는 것을 느꼈다고 하였으며, 또 다른 구성원은 평소에 접해 보지 못했던 재료를 사용해 색다른 느낌이라고 하며 오랜만에 불필요한 생각 없이 집중할 수 있는 시간이라 좋았다고 하였다. 완성된 작품을 보고 모두 만족감을 나타내며 활동을 마무리하였다.

7) 계란껍데기화

준비물

계란껍데기, 도화지, 물 풀 또는 목공 풀, 드로잉 매체

기대목표

- 계란껍데기를 부수는 행위를 통해 감정의 표출과 카타르시스를 경험할 수 있다.
- 계란껍데기를 붙이는 과정에서 소근육 발달과 집중력을 향상시킬 수 있다.

미술활동

① 계란껍데기를 손으로 잘게 부순 후 느낌과 감정에 대하여 이야기를 나눈다.

② 도화지 위에 표현하고 싶은 이미지를 그려 준다.

③ 밑그림에 물 풀 또는 목공 풀을 바르고 계란껍데기를 붙여 준다.

④ 완성된 작품의 제목을 정하고 이야기를 나눈다.

▶ 계란껍데기를 잘게 부숴 접착제를 바른 도화지 위에 뿌리는 방법과 계란껍데기의 큰 조각을 붙이는 방법이 있다.

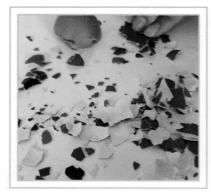

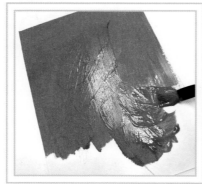

미술심리재활 적용

- 계란껍데기를 부수고 붙이다 보면 작품 과정에 빠져들어 삶의 복잡한 문제로부 터 멀어질 수 있다. 내담자의 일상생활 속에서도 이와 같은 대처자원이 있는지 에 대한 이야기를 나누어 볼 수 있다.

- 계란껍데기를 부수는 단순하고 반복적인 행위만으로도 스트레스가 해소되어 긴장감을 완화시킬 수 있다. 또한 내면의 부정적인 에너지를 해소하고 나면 자 신의 심리적 문제를 왜곡되지 않게 바라볼 수 있다.

- 계란껍데기를 부수는 방법에 따라 내담자에게 다른 느낌을 줄 수 있다. 손으로 부수거나 비닐봉지에 넣고 부수기 혹은 절구통에 넣고 절굿공이로 찧어 부수기

등의 방법이 있다. 아동의 경우 큰 비닐 안에 넣고 뿅망치로 두드리기, 발로 밟기 등 신체를 사용하여 에너지를 발산시켜 줄 수 있다.

사례

40대 여성의 계란껍데기화 작품이다. 내담자는 계란껍데기가 '똑똑' 소리가 나며 부서지는 게 재미있다고 하며 손가락으로 잘게 부수었다. 작게 부순 계란껍데기로 정성스럽게 나비의 날개와 몸에 붙여 주었고, 완성된 작품을 보고 내담자는 예쁘게 완성되어 기분이 좋다고 하였다. 작품의 제목은 그냥 이대로도 예뻐서 정하고 싶지 않다고 하였다. 내담자는 아이도 어느 정도 컸고 자신이 시작한 일도 있어 현재의 삶에 만족하지만, 늘 헌신적인 아내 역할을 요구하는 남편으로 인해 힘들다고 하였다. 내담자는 꽃에 앉아 있는 자유로운 나비처럼 누구의 눈치도 보지 않고, 자신이 하고 싶은 일을 하며 행복하게 살고 싶다고 자신의 마음을 표현하였다.

8) 조개껍데기 자유화

준비물

조개껍데기, 아크릴물감, 세필(slender brush), 연필

기대목표

• 조개껍데기의 활용을 통해 흥미를 유발하고 자기표현을 촉진한다.
• 조형미가 있는 조개껍데기의 완성 작품을 통해 성취감과 만족감을 경험한다.

미술활동

① 깨끗이 씻어 말린 크기가 큰 조개를 준비한다.
② 조개껍데기에 밑그림을 그린다.
③ 그려진 밑그림에 아크릴물감으로 채색한다.
④ 완성된 작품의 제목을 정한 후 이야기를 나눈다.

미술심리재활 적용

- 자연물인 조개껍데기에는 미술의 기본요소인 선과 모양, 패턴, 색깔, 촉감 등이 들어 있어 내담자의 감각을 통해 관찰하고 지각한다. 또한 개인의 기억을 추억과 함께 이야기할 수 있는 소재가 될 수 있어 자기표현을 촉진시킬 수 있는 매체이다.

- 쉽게 구할 수 있는 자연 친화적 매체인 조개껍데기를 작품에 응용하는 과정은 내담자에게 사물을 관찰하는 시야를 넓힐 수 있어 일상생활에서의 문제해결력에 도움을 줄 수 있다.

- 다양한 크기의 조개껍데기를 오브제로 사용하여 콜라주 작품이나 생활용품으로 활용할 수 있다. 이러한 활동은 소근육의 발달을 도와주며, 창의적 작품의 완성도를 통해 성취감과 만족감을 줄 수 있다.

사례

남자 친구와 헤어져 우울감이 있는 20대 여성의 조개껍데기 자유화 작품이다. 내담자는 조개껍데기를 보고 과거에 남자 친구와 바닷가에 여행을 갔을 때가 생각난다고 하였다. 초록색 조개껍데기에는 남자 친구에게 받았던 커플링과 꽃밭을 그려 보며 아직도 예전에 행복했던 때가 그립다는 표현을 하였다. 연두색 조개껍데기는 다시 행복해지고 싶은 자신의 모습이라고 하며 웃는 표정을 그려 넣었다. 내담자는 완성된 작품을 보고 다시 행복해지고 싶지만 돌아갈 수 없는 현실에 대해 말하며, 웃는 표정을 그렸지만 슬픈 마음을 꾹 참고 있는 것 같다고 자신의 마음을 표현하였다.

9) 석화

준비물

조약돌, 아크릴물감, 붓, 연필, 지우개

기대목표

흥미로운 매체를 활용하여 동기를 유발하고 집중력을 향상시킨다.

미술활동

① 조약돌의 표면을 깨끗하게 닦는다.

② 조약돌의 모양에 따라 여러 가지 모양과 사물을 떠올리는 시간을 가진다.

③ 밑그림을 그린 후 아크릴물감으로 채색한다.

④ 완성된 작품들을 모아 한곳에 전시한다.

⑤ 작품의 제목을 정하고 이야기를 나눈다.

미술심리재활 적용

- 조약돌은 주변에서 흔히 볼 수 있고 크기와 모양, 색상이 다양하여 상상력을 자극하기에 좋은 매체이다. 작품 활동을 하기 전에 실외로 나가 자신의 마음에 드는 조약돌을 직접 주워 작품으로 활용하게 되면 동기부여에 도움이 된다.

- 평소에는 별로 중요하게 생각하지 않았던 조약돌에 자유롭게 표현된 작품성은 성취감을 주며, 내담자에게 은유적으로 필요한 존재라는 메시지를 전달해 줄 수 있다.

- 조약돌의 모양과 질감에 따라 다른 효과가 나타날 수 있다. 예를 들어, 동그랗고 표면이 고운 조약돌은 내담자에게 부드러운 느낌과 안정감을 주고, 조약돌

의 거친 표면은 내담자의 고된 삶이나 역경이라는 투사된 감정 표현을 나타나
게 할 수 있다.

사례

지역아동센터에서 생활하고 있는 아동들의 집단 석화 작품이다. 작품을 하기 전
아동들은 돌을 만져 보며 흥미로워하였다. 조약돌의 모양을 보고 각자 자신이 표현
하고 싶은 이미지를 표현하였다. 친구의 모습을 그려 주기도 하고, 하고 싶은 말을
적기도 하고, 캐릭터나 가지고 싶은 물건을 그리는 아동도 있었다. 작품을 한곳에 모
아 놓고 감상하는 시간을 가졌는데, 하나씩 있는 것보다 여러 개가 같이 있는 모양이
더 마음에 든다고 하였다. 집단 석화 작품을 통해 집단 안에서의 소속감을 느낄 수
있는 활동이 되었다.

참고문헌

고현, 유시덕, 이정남, 이연희, 백현옥, 이창호, 정선주(2012). 매체를 활용한 유·아동 미술교육과 미술치료. 서울: 창지사.

권선영, 이미옥(2011). 입체조형 활동을 중심으로 한 집단미술치료가 한부모 가정 아동의 자기 효능감에 미치는 효과. 미술치료연구, 18(3), 529-549.

권수정, 윤미선, 민제원(2019). 자기표현 향상과 공격성 감소를 위한 유·아동용 쌀점토 미술활동 프로그램의 효과. 교육방법연구, 31(1), 169-186.

권순왕(2013). 판화란 무엇인가?. 예술과 미디어, 12(3), 91-111.

김경식(2011). 입체매체와 평면매체를 활용한 집단미술치료가 주의력결핍 과잉행동장애 경향 아동의 문제행동에 미치는 효과. 영남대학교 대학원 박사학위논문.

김미낭(2007). 액션페인팅에 나타난 미술 치료적 요인에 관한 연구. 한국예술치료학회지, 7(2), 83-101.

김병철, 김성삼, 박선희, 박정민(2016). 미술치료사를 위한 매체연구 및 기법실습. 경기: 양서원.

김성민(2009). 흙 놀이를 통한 유아자폐증치료과정 연구. 한국콘텐츠학회논문지, 9(3), 91-98.

김영규, 서성교(2014). 물질로서 오브제미술에 관한 연구. 다문화의사소통, 3, 117-138.

김유경, 최외선(2008). 한국화 재료를 활용한 미술치료가 노인의 우울과 자기표현에 미치는 영향. 미술치료연구, 15(1), 129-148.

김인자, 우문식(2016). 마틴 셀리그만의 긍정심리학. 경기: 물푸레.

박은주(2019). 행동주의 기법을 적용한 발달적 미술치료가 자폐스펙트럼장애 아동의 발달에 미치는 효과. 대구대학교 대학원 박사학위논문.

박종성(2018). 생각의 탄생(로버트 루트번스타인 외 저). 서울: 에코의 서재.

손경옥(2014). 한국화 매체를 적용한 집단미술치료가 지역아동센터 아동의 자아존중감과 자기표현에 미치는 효과. 한국예술치료학회지, 14(1), 65-88.

신소영, 송현종(2014). 추상표현 중심 미술치료 프로그램이 통합학급 장애학생의 내재화 증상
　　에 미치는 효과. **미술치료연구**, 21(6), 1347-1380.

심상철(2006). **미술재료와 표현**. 서울: 미진사.

안선희, 김향숙(2016). 색채심리를 활용한 집단미술치료가 대학생의 자아정체감과 정서지능에
　　미치는 영향. **미술치료연구**, 23(1), 243-265.

양윤정, 이근매(2013). 콜라주를 활용한 집단미술치료 프로그램이 결혼이주여성의 문화적응스
　　트레스 감소에 미치는 효과. **미술치료연구**, 20(6), 1225-1246.

양지웅(2015). 아동의 정서지능과 자아개념에 미치는 신체페인팅 효과. 서경대학교 대학원 박
　　사학위논문.

원주애(2013). 자화상 표현 중심의 집단 미술치료가 결손가정 아동의 자아존중감에 미치는 효
　　과. 나사렛대학교 재활복지대학원 석사학위논문.

유미란(2018). 가족력이 있는 여성알코올중독자의 섬유매체를 활용한 미술치료 사례연구. **미술**
　　치료연구, 25(6), 789-811.

이부영(2015). **분석심리학**. 서울: 일조각.

이수진, 김동연(2006). 수채화물감을 사용한 비구조적 미술치료가 장애아동의 자기표현에 미치
　　는 영향. **미술치료연구**, 13(4), 727-735.

이영옥, 정여주(2006). 신체상을 주제로 한 집단미술치료가 청소년의 신체상과 자아상에 미치
　　는 효과. **심리치료: 다학제적 접근**, 6(2), 103-119.

이영주(2001). 다양한 자기표현을 위한 창의적 표현력 신장에 관한 연구. 건국대학교 교육대학
　　원 석사학위논문.

이원향, 최성규(2007). 가면극을 활용한 마인드맵 프로그램이 정신지체아동의 어휘력에 미치는
　　효과. **지적장애연구**, 9(2), 131-146.

이정아(2006). 오브제 매체를 이용한 통찰지향 미술치료-강박관념·열등감·두려움을 가진 성
　　인 남자 연구. **치유예술연구**, 1, 119-137.

임형준(2003). 가면 사용의 치유적 효용성 연구. 경성대학교 교육대학원 석사학위논문.

전경욱(1998). **한국 가면극**. 서울: 열화당.

정미라, 조혜정(2015). 입체조형중심 미술치료 프로그램 개발 및 효과: 한부모가정 아동을 대상으로. 한국부모놀이치료학회지, 6, 57-75.

전순영(2011). 미술치료의 치유요인과 매체. 서울: 하나의학사.

정완규(2009). 한국화 재료를 이용한 집단미술치료가 저소득층 청소년의 자아존중감 향상에 미치는 영향. 한국예술치료학회지, 9(1), 265-286.

정유미, 전순영(2016). 놀이를 활용한 집단미술치료가 학교부적응 아동의 회복탄력성에 미치는 효과. 미술치료연구, 23(3), 763-788.

제갈선아, 이근매(2017). 공예활동중심 집단미술치료 프로그램이 장애아동 어머니의 자아탄력성에 미치는 효과. 미술치료연구, 24(5), 1309-1334.

천은우(2016). 성인내담자의 9분할 통합 회화법에 나타난 아동기 외상과 초기부적응도식. 영남대학교 환경보건대학원 석사학위논문.

최미경(1994). 찰흙을 재료(소재)로 한 미술수업연구. 사향미술교육논총, 2, 131-142.

최외선, 이근매, 김갑숙, 최선남, 이미옥(2012). 마음을 나누는 미술치료. 서울: 학지사.

한국미술치료학회(2011). 미술치료의 이론과 실제. 대구: 동아문화사.

황혜경, 김용희, 구선희, 이혜형(2018). 자연물 중심의 유아 생태미술교육. 서울: 창지사.

찾아보기

인명

내용

저자 소개

정재원 JUNG JAE WON
영남대학교에서 미술치료학으로 석사와 박사 학위를 받았다. 현재 경기대
학교 대체의학대학원 미술치료전공 조교수로 재직 중이다. 대구예술대학교
예술치료전공 조교수, 평택대학교 상담대학원 미술치료학과 겸임교수 등을
역임하였다.

송소현 SONG SO HYUN
평택대학교에서 미술치료학으로 석사 학위를 받았다. 현재 마인드플러스
심리상담센터에서 상담사로 재직 중이다.

김하용 KIM HA YONG
평택대학교에서 미술치료학으로 석사 학위를 받았다. 현재 마인드플러스
심리상담센터에서 상담사로 재직 중이다.

미술심리재활

매체연구 및 실습

Art Psychology Rehabilitation
Media Research and Practice

2023년 2월 1일 1판 1쇄 인쇄
2023년 2월 10일 1판 1쇄 발행

지은이 • 정재원 · 송소현 · 김하용
펴낸이 • 김진환
펴낸곳 • ㈜ **학지사**

04031 서울특별시 마포구 양화로 15길 20 마인드월드빌딩
대표전화 • 02)330-5114   팩스 • 02)324-2345
등록번호 • 제313-2006-000265호

홈페이지 • http://www.hakjisa.co.kr
페이스북 • https://www.facebook.com/hakjisa

ISBN 978-89-997-2782-5 93180

정가 23,000원

출판미디어기업 **학지사**

간호보건의학출판 **학지사메디컬** www.hakjisamd.co.kr
심리검사연구소 **인싸이트** www.inpsyt.co.kr
학술논문서비스 **뉴논문** www.newnonmun.com
교육연수원 **카운피아** www.counpia.com